चाणक्य से सीखें सफलता के सीक्रेट्स

एक लक्ष्यहीन जीवन जीनेवाले व्यक्ति को न घर में शांति मिल सकती है और न वन में।

❖ ❖ ❖

सज्जन और योग्य व्यक्तियों का साथ साधारण लोगों का स्तर बढ़ा देता है। इसलिए लोगों को संतों के साथ की तलाश करनी चाहिए।

❖ ❖ ❖

दूसरों की आलोचना करना सबसे अधिक भ्रष्ट और भयानक कार्य है। आलोचना छोड़ देने से सभी सुख व्यक्ति के पक्ष में हो जाते हैं।

❖ ❖ ❖

मनुष्य को धैर्य और संतुष्टि के दो गुणों को ग्रहण कर लेना चाहिए।

❖ ❖ ❖

एक व्यक्ति को जहाँ से भी कोई सीख मिल रही हो, शालीनता से स्वीकार कर लेनी चाहिए।

❖ ❖ ❖

केवल ऐसे व्यक्ति से मित्रता करें, जो सक्षम और भरोसेमंद हो।

❖ ❖ ❖

कड़ी मेहनत की शक्ति असीमित होती है। अथक मेहनत से अपना जीवन खुशहाल बनाना चाहिए।

~❖~

मेरठ (उ.प्र.) में जन्मे **ए.के. गांधी** वरिष्ठ लेखक तथा अनुवादक हैं। उन्होंने अनेक पुस्तकों की रचना तथा अनुवाद किया है। सन् 1995 में भारतीय वायु सेना से सेवानिवृत्ति के बाद से ही स्वतंत्र रूप से इस कार्य को कर रहे हैं। उनकी रुचि के क्षेत्र इतिहास, राजनीति विज्ञान तथा व्याकरण हैं। इन तीनों ही क्षेत्रों में उनकी अनेक लोकप्रिय पुस्तकें प्रकाशित हो चुकी हैं। उन्हें शोधपरक पुस्तकों के लिए जाना जाता है। उनकी भाषा आम आदमी से सीधा जुड़ाव करती है; यह गुण उन्हें लोकप्रिय बनाता है। उन्होंने सी.बी.एस.ई. माध्यम विद्यालयों के लिए भी अनेक पुस्तकों की रचना की है। इसके अतिरिक्त उनके लेख समाचार-पत्रों तथा पत्रिकाओं में भी छपते हैं। वे दो ब्लॉग भी चलाते हैं, जिनमें से meerut-amazing.blogspot.in उनके नगर की ऐतिहासिक, सांस्कृतिक विरासत के संरक्षण के प्रति समर्पित है तथा writerakgandhi. blogspot.in छात्रों की विभिन्न प्रकार से सहायता के लिए है। अपने सामाजिक तथा लेखन कार्य के लिए उन्हें मेरठ सांस्कृतिक मंच द्वारा 'ज्ञानदीप पुरस्कार' से सम्मानित किया जा चुका है।

चाणक्य से सीखें सफलता के सीक्रेट्स

ए.के. गांधी

प्रभात पेपरबैक्स
www.prabhatbooks.com

प्रकाशक

प्रभात पेपरबैक्स

प्रभात प्रकाशन प्रा. लि. का उपक्रम

4/19 आसफ अली रोड, नई दिल्ली–110002

फोन : 23289777 • हेल्पलाइन नं. : 7827007777

इ–मेल : prabhatbooks@gmail.com ❖ वेब ठिकाना : www.prabhatbooks.com

संस्करण

प्रथम, 2022

मूल्य

दो सौ पचास रुपए

मुद्रक

आर–टेक ऑफसेट प्रिंटर्स, दिल्ली

★

CHANAKYA SE SEEKHEN SAFALTA KE SECRETS

by Shri A.K. Gandhi

Published by **PRABHAT PAPERBACKS**

An imprint of Prabhat Prakashan Pvt. Ltd.

4/19 Asaf Ali Road, New Delhi-110002

ISBN 978-93-90378-51-7

₹ 250.00

भूमिका

चाणक्य, जिन्हें विष्णुगुप्त और कौटिल्य के नामों से भी जाना जाता है, प्राचीन समय के महान् विचारक और विद्वान् के रूप में प्रख्यात हैं। उन्हीं के कारनामों के फलस्वरूप चंद्रगुप्त का भारत के प्रथम सम्राट् के रूप में उदय हुआ। उन्होंने युवा चंद्रगुप्त को इस प्रकार तैयार किया कि उन्हें एक प्रबल व्यक्तित्व, कुशल शासक और सक्षम योद्धा बनाया जा सके। यह चाणक्य द्वारा निर्धारित नीतियों की पृष्ठभूमि में ही था कि भारत एक महान् राष्ट्र बनने के लिए विकसित हुआ।

चाणक्य ने 'अर्थशास्त्र' शीर्षक से अपनी महान् कृति लिखी है, जो राजनीति विषय पर एक सर्वश्रेष्ठ ग्रंथ है। उनके द्वारा निर्धारित नीति को 'चाणक्य नीति' कहा जाता है, जिसे आज भी मौजूदा मुद्दों को हल करने और समझने के लिए संदर्भित किया जाता है। यह एक प्राचीन कार्य हो सकता है, फिर भी इसमें शामिल ज्ञान और गुणों के कारण इसने अपने समकालीन मूल्य को बनाए रखा है, इसलिए यह जानने की आवश्यकता है कि इसमें उन्होंने क्या लिखा है ?

अपनी पुस्तक में चाणक्य ने सूर्य के नीचे मौजूद विभिन्न प्रकार के विषयों का सामना किया है और उनकी शिक्षा, सोच एवं ज्ञान के विस्तार को जानना एक सार्थक कार्य होगा। यह एक महासागर की तरह

है, जिससे हम उन सभी परिस्थितियों में काररवाई के लिए सलाह और सारगर्भित विचार ग्रहण कर सकते हैं, जिनका हमें अपने दैनिक जीवन में सामना करना पड़ सकता है।

इस पुस्तक में हमने विभिन्न विषयों पर उनके विचारों को संकलित करने का गंभीर प्रयास किया है। इन्हें पढ़ना और साथ ही इनका पालन करना आनंद प्रदान करता है। यह शायद उन्हें सबसे महान् प्रेरक गुरु बनाता है, जिसे हमने कभी देखा है।

—ए.के. गांधी

मेरठ

अनुक्रम

जीवन परिचय

विश्व-प्रसिद्ध कूटनीतिज्ञ एवं राजनीतिज्ञ चाणक्य का जन्म कब और कहाँ हुआ था—इस संदर्भ में प्रामाणिक रूप से कुछ नहीं कहा जा सकता। अनुमानतः उनका जन्म ईसा से 360 वर्ष पूर्व हुआ होगा। कुछ विद्वान् उनका जन्म 400 ई.पू. भी मानते हैं।

इसी प्रकार चाणक्य के जन्म-स्थान के संबंध में भी मतभेद हैं। कुछ विद्वान् उनका जन्म कुसुमपुर, कुछ तक्षशिला और कुछ पाटलिपुत्र में बताते हैं।

यदि जन्म-समय और जन्म-स्थान के विवाद को छोड़ दिया जाए तो इस बात पर सभी विद्वान् प्रायः एकमत हैं कि चाणक्य ने ऐतिहासिक मौर्य वंश की प्रतिष्ठा में और चंद्रगुप्त को सम्राट् बनाने में महत्त्वपूर्ण भूमिका अदा की थी। इसलिए निश्चय ही वह चंद्रगुप्त से पहले पैदा हुए थे।

कहा जाता है कि चाणक्य के पिता का नाम चणक था, इसी कारण उन्हें 'चाणक्य' कहा जाता है। वैसे उनका वास्तविक नाम विष्णुगुप्त था। कुटिल कुल में उत्पन्न होने के कारण वे 'कौटिल्य' भी कहलाए।

चाणक्य के प्रारंभिक जीवन के बारे में अनेक कहानियाँ प्रचलित हैं। एक किंवदंती के अनुसार, चाणक्य काले रंग के और कुरूप थे।

एक बार उनकी माता उनका मुँह देखकर रो पड़ीं। चाणक्य ने अपनी माँ को यों रोते देखकर जब रोने का कारण पूछा तो माँ ने कहा कि ''बेटा, बड़ा होकर तू राजा बनेगा, तब मुझे भूल जाएगा—यही सोचकर मेरे आँसू निकल आए थे।''

यह सुनकर चाणक्य को आश्चर्य हुआ। उन्होंने पूछा, ''लेकिन तुम्हें यह कैसे पता चला कि बड़ा होकर मैं राजा बनूँगा?''

''तुम्हारे सामनेवाले दो दाँत बताते हैं कि तुम राजा बनोगे।'' माँ ने कहा।

चाणक्य ने तुरंत बाहर जाकर एक पत्थर से अपने सामने के दोनों दाँत तोड़ डाले और लौटकर माँ से बोले, ''देखो, मैंने राजा बनने के लक्षण नष्ट कर दिए हैं। अब मैं राजा कैसे बनूँगा। इसलिए तुम चिंता मत करो, न तो मैं कभी राजा बनूँगा और न तुम्हें छोड़कर जाऊँगा।''

इस कहानी से विदित होता है कि चाणक्य का हृदय बहुत कोमल था। वह अपनी माता को बहुत चाहते थे। किंतु दूसरी ओर एक अन्य कहानी के अनुसार, चाणक्य का स्वभाव बहुत कठोर था। उनसे अपना अपमान सहन नहीं होता था। वह स्वाभिमानी, दृढ़ संकल्पवाले और लगनशील थे।

एक बार चाणक्य कहीं जा रहे थे। रास्ते में कुशा नाम की एक कँटीली झाड़ी पर उनका पैर पड़ गया, जिससे पैर में घाव हो गया। उनके लिए आगे चलना मुश्किल हो गया। चाणक्य को कुशा पर बहुत क्रोध आया। उन्होंने वहीं दृढ़ संकल्प कर लिया कि जब तक कुशा को समूल नष्ट नहीं कर दूँगा तब तक चैन से नहीं बैठूँगा। बस, वहीं से उन्होंने कुशा के एक-एक पौधे को उखाड़ना शुरू कर दिया और वह पुनः न उग आए, इसलिए उसकी जड़ों में मट्ठा डालने लगे।

इस कहानी में कितनी सच्चाई है, यह कहना तो मुश्किल है, किंतु इससे चाणक्य के भयंकर क्रोध का बोध होता है। साथ ही यह भी पता

चलता है कि जब वह किसी काम को करने का निश्चय कर लेते थे तब उसे पूरा किए बिना चैन से नहीं बैठते थे।

चाणक्य की शिक्षा-दीक्षा तक्षशिला में हुई थी। तक्षशिला उस समय का विश्व-प्रसिद्ध विश्वविद्यालय था। देश-विदेश के विभिन्न छात्र वहीं शिक्षा प्राप्त करने आते थे। ज्यादातर राजाओं के पुत्र ही वहाँ शिक्षा ग्रहण किया करते थे। एक-एक अध्यापक के पास सौ से भी अधिक छात्र हो जाते थे।

छात्रों को चारों वेद, धनुर्विद्या, हाथी और घोड़ों का संचालन, अठारह कलाओं के साथ-साथ न्यायशास्त्र, चिकित्साशास्त्र, राजनीतिशास्त्र, सामाजिक कल्याण आदि के बारे में भी शिक्षा दी जाती थी। चाणक्य ने भी ऐसी ही उच्च श्रेणी की शिक्षा प्राप्त की थी। फलतः बुद्धिमान चाणक्य का व्यक्तित्व तराशे हुए हीरे के समान चमक उठा था।

तक्षशिला में अपनी विद्वत्ता और बुद्धिमत्ता का परचम फहराने के बाद वह वहीं राजनीतिशास्त्र के आचार्य बन गए। देश भर में उनकी विद्वत्ता की चर्चा होने लगी। पाटलिपुत्र भी इसका अपवाद नहीं था। पाटलिपुत्र भी तक्षशिला के समान शिक्षा का सुप्रसिद्ध केंद्र था।

पाटलिपुत्र मगध राज्य की राजधानी था और वहाँ घननंद नाम का राजा राज्य करता था। वह अत्यंत लोभी और भोगी-विलासी था। जनता उससे संतुष्ट नहीं थी; क्योंकि उसने लकड़ी, पत्थर और चमड़े पर भी कर लगा रखा था। वह विद्वानों को सम्मानित कर उन्हें विभिन्न वस्तुएँ भेंट में देता था। यह उसका एक विशेष गुण था।

इस काम के लिए उसने एक परिषद् का गठन किया था। कोई बड़ा विद्वान् ही इस परिषद् का अध्यक्ष होता था। परिषद् के अन्य सदस्य भी विद्वान् होते थे। कहा जाता है कि परिषद् के अध्यक्ष को किसी विद्वान् के सम्मान में 10 लाख स्वर्णमुद्राएँ भेंट करने का

अधिकार प्राप्त था। इसी प्रकार परिषद् का कनिष्ठ सदस्य भी 1 लाख स्वर्णमुद्राएँ भेंट में दे सकता था।

कहा जाता है कि इसी परिषद् के अध्यक्ष पद पर चाणक्य को प्रतिष्ठित करने के लिए विद्वानों ने उन्हें पाटलिपुत्र में आमंत्रित किया था। जब विद्वानों ने राजा घननंद से चाणक्य को विद्वत् परिषद् के अध्यक्ष पद पर प्रतिष्ठित करने लिए सिफारिश की तो राजा ने चाणक्य से भेंट करने की इच्छा प्रकट की।

जब राजा घननंद से चाणक्य की भेंट हुई तो राजा उनकी वेशभूषा और चेहरे से प्रभावित होने के बजाय बहुत खिन्न हुआ; क्योंकि चाणक्य काले रंग के और कुरूप थे। इसलिए राजा के मन में चाणक्य के प्रति कुछ विपरीत-सी धारणा बन गई। शक्ल-सूरत के साथ-साथ चाणक्य के व्यवहार में भी कुछ अक्खड़पन था। जबकि राजा चापलूसों को पसंद करता था।

अत: राजा ने चाणक्य को परिषद् के अध्यक्ष पद पर प्रतिष्ठित नहीं किया और उन्हें अपमानित करके दरबार से निकाल दिया।

एक अन्य किंवदंती के अनुसार, चाणक्य देशहित में राजा घननंद को प्रेरित करने आए थे, ताकि वे छोटे-छोटे राज्यों में बँटे देश को आपसी वैर-भावना भूलकर एकसूत्र में पिरो सकें, क्योंकि घननंद ही सबसे बड़े राज्य का शक्तिशाली राजा था। किंतु राजा घननंद को चाणक्य का यह प्रस्ताव स्वीकार नहीं था, इसलिए उसने चाणक्य को अपमानित करके दरबार से निकाल दिया था।

अस्तु, कुछ भी हो, इतना अवश्य था कि राजा घननंद ने चाणक्य का अपमान किया था, जिससे चाणक्य बहुत क्रोधित हुए। अपने स्वभाव के अनुकूल चाणक्य ने चोटी खोलकर यह दृढ़ संकल्प कर लिया कि वह घननंद को अपदस्थ करके रहेंगे। साथ ही उसका समूल विनाश भी कर देंगे, तभी चोटी में गाँठ लगाएँगे।

जब राजा घननंद को चाणक्य के संकल्प की बात पता चली तब उसे और भी क्रोध आ गया। उसने चाणक्य को बंदी बनाने का आदेश दे दिया। लेकिन जब तक चाणक्य को बंदी बनाया जाता तब तक वे वहाँ से निकल चुके थे। महल से बाहर आते ही उन्होंने संन्यासी का वेश धारण किया और पाटलिपुत्र में ही छिपकर रहने लगे।

एक दिन चाणक्य की भेंट बालक चंद्रगुप्त से हो गई, जो उस समय अपने हमजोलियों के साथ राजा और प्रजा का खेल खेल रहा था। राजा के रूप में चंद्रगुप्त जिस कौशल से अपने संगी-साथियों की समस्या को सुलझा रहा था वह चाणक्य को भीतर तक प्रभावित कर गया। चाणक्य को चंद्रगुप्त में भावी राजा की झलक दिखाई देने लगी। चाणक्य ने उसी समय चंद्रगुप्त के बारे में विस्तृत जानकारी हासिल की और उसके संरक्षकों को 1 हजार कार्षापण देकर खरीद लिया तथा उसे अपने साथ तक्षशिला ले गए।

वहाँ चाणक्य ने चंद्रगुप्त को वेद-शास्त्रों से लेकर युद्ध और राजनीति तक की शिक्षा दी। लगभग आठ साल तक अपने संरक्षण में चंद्रगुप्त को शिक्षित करके चाणक्य ने उसे एक शूरवीर बना दिया।

उन्हीं दिनों विश्व-विजय पर निकले यूनानी सम्राट् सिकंदर विभिन्न देशों पर विजय प्राप्त करता हुआ गांधार देश के राजा आंभि के आह्वान पर भारत की ओर बढ़ा चला आ रहा था। आंभि सिकंदर के माध्यम से अपने पुराने शत्रु राजा पुरु को सबक सिखाना चाहता था, जबकि सिकंदर भारत पर विजय प्राप्त करके यहाँ से धन-संपदा लूटकर अपने देश ले जाना चाहता था और निरीह जनता को अपना गुलाम बनाना चाहता था। शायद राजा आंभि ने इस ओर ध्यान नहीं किया था।

चाणक्य को आंभि की यह योजना किसी तरह पता चल गई थी। वह इस संदर्भ में आंभि को समझाने के लिए गए। आंभि से चाणक्य ने इस संदर्भ में विस्तारपूर्वक बातचीत की, उसे समझाना चाहा, विदेशी

हमलावरों से देश की रक्षा के लिए उसे प्रेरित करना चाहा; किंतु आंभि ने चाणक्य की एक भी बात नहीं मानी। वह सिकंदर का साथ देने के लिए कटिबद्ध रहा।

कुछ ही दिनों बाद जब सिकंदर गांधार प्रदेश में प्रविष्ट हुआ तो आंभि ने उसका जोरदार स्वागत किया। आंभि ने उसके सम्मान में एक विशाल जनसभा का भी आयोजन किया, जिसमें गांधार देश के प्रतिष्ठित व्यक्तियों के साथ-साथ तक्षशिला के आचार्य और छात्र भी आमंत्रित किए गए थे।

इस सभा में चाणक्य और उनके शिष्य चंद्रगुप्त आदि भी उपस्थित हुए। सभा के दौरान सिकंदर के सम्मान में उसकी प्रशंसा के पुल बाँधे गए। उसे महान् बताते हुए देवताओं से उसकी तुलना की गई।

सिकंदर ने अपने व्याख्यान में अप्रत्यक्षत: भारतीयों को धमकी-सी दी कि उनकी भलाई इसी में है कि वे उसकी सत्ता स्वीकार कर लें।

चाणक्य ने सिकंदर की इस धमकी का खुलकर बड़ी ही संतुलित भाषा में विरोध किया। चाणक्य विदेशी हमलावरों से देश की रक्षा करना चाहते थे।

सभा में चाणक्य के समर्थन में चंद्रगुप्त ने भी आवाज उठाई; किंतु अपनी कूटनीति के तहत चाणक्य ने चंद्रगुप्त को अधिक बोलने से रोक दिया। चाणक्य के विचारों और नीतियों से सिकंदर प्रभावित अवश्य हुआ था, किंतु विश्व-विजय की अपनी लालसा के कारण वह युद्ध से विमुख नहीं होना चाहता था।

सभा-विसर्जन के बाद चाणक्य ने चंद्रगुप्त के सहयोग से तक्षशिला के पाँच सौ छात्रों को संगठित किया और उन्हें लेकर राजा पुरु से भेंट की। राजा पुरु आंभि का शत्रु एवं प्रतिद्वंद्वी था और शत्रु का शत्रु हमेशा मित्र होता है, इसलिए चाणक्य को देशहित में पुरु का सहयोग मिलने में कोई कठिनाई नहीं हुई।

जल्दी ही सिकंदर ने पुरु पर चढ़ाई की। पुरु को चाणक्य और चंद्रगुप्त का सहयोग प्राप्त था, इसलिए उसका मनोबल बढ़ा हुआ था। युद्ध में पुरु और उसकी सेना ने सिकंदर के छक्के छुड़ा दिए; किंतु अचानक सेना के हाथी विचलित हो गए, जिससे पुरु की सेना में भगदड़ मच गई। सिकंदर ने उसका पूरा-पूरा लाभ उठाया और पुरु को बंदी बना लिया। बाद में उसने पुरु से संधि कर ली।

यह देखकर चाणक्य ने चंद्रगुप्त को साथ लेकर पुरु का साथ छोड़ देने में ही भलाई समझी। इसके बाद चाणक्य अन्य राजाओं से मिले और उन्हें सिकंदर से युद्ध के लिए प्रेरित करते रहे।

इसी बीच सिकंदर की सेना में फूट पड़ गई। सैनिक लंबे समय से अपने परिवारों से बिछुड़े हुए थे और युद्ध से ऊब चुके थे। इसलिए वे घर जाना चाहते थे। इधर भारत में भी सिकंदर के विरुद्ध चाणक्य और चंद्रगुप्त के नेतृत्व में विभिन्न राजागण सिर उठाने लगे थे। यह देखकर सिकंदर ने यूनान लौटने का फैसला कर लिया। कुछ ही दिनों में बीमारी से उसकी मौत हो गई।

अब चाणक्य के समक्ष केवल घननंद से अपने अपमान का बदला लेना एकमात्र लक्ष्य था। इस बीच चंद्रगुप्त ने देश-प्रेमी क्षत्रियों की एक सेना संगठित कर ली थी। अतः चाणक्य ने चंद्रगुप्त को मगध पर आक्रमण करने को प्रेरित किया। अपनी कूटनीति के बल पर चाणक्य ने चंद्रगुप्त को मगध पर विजय दिलवाई। इस युद्ध में राजा घननंद की मौत हो गई।

चाणक्य ने चंद्रगुप्त को मगध का सम्राट् घोषित कर दिया। बड़े जोर-शोर से उसका स्वागत हुआ। चंद्रगुप्त अपने गुरु चाणक्य को अपना महामात्य बनाना चाहता था। किंतु चाणक्य ने यह पद स्वीकार नहीं किया। वह मगध के पूर्व महामात्य राक्षस को ही यह पद देना चाहता था। किंतु राक्षस पहले ही कहीं छिप गया था। वस्तुतः वह

अवसर की तलाश में था कि राजा घननंद की मौत का बदला ले सके।

चाणक्य यह बात समझते थे। उन्होंने राक्षस को खोजने के लिए अपने तमाम गुप्तचर लगा दिए और बड़ी कोशिशों के बाद कूटनीति के बल पर राक्षस को बंदी बना लिया। लेकिन चाणक्य ने राक्षस को कोई सजा नहीं दी, बल्कि चंद्रगुप्त को सलाह दी कि वह राक्षस के तमाम अपराध क्षमा करके उसे महामात्य के पद पर प्रतिष्ठित करे।

गुरु की आज्ञा टालना चंद्रगुप्त के बस की बात नहीं थी। उसने राक्षस को अपना महामात्य बना लिया। बाद में चाणक्य गंगा के तट पर एक आश्रम बनाकर रहने लगे। वहीं से वह राज्य की रीति-नीति का निर्धारण करते और चंद्रगुप्त को यथायोग्य परामर्श देते रहते थे।

साम्राज्य की स्थापना करने के बाद आचार्य चाणक्य ने 'अर्थशास्त्र' ग्रंथ की रचना की। वे त्रिवेदज्ञ, शास्त्र-पारंगत, मंत्र-विद्या विशेषज्ञ, नीति-निपुण राजनीतिज्ञ तथा महान् कूटनीतिज्ञ होने के साथ ही विविध विद्याओं के महापंडित एवं दार्शनिक भी थे।

अपनी प्रखर कूटनीतिज्ञता के द्वारा आचार्य चाणक्य ने बिखरे हुए भारतीयों को राष्ट्रीयता के सूत्र में पिरोकर महान् राष्ट्र की स्थापना की। किंतु विशाल मौर्य साम्राज्य के संस्थापक होते हुए भी वे अत्यंत निर्लोभी एवं वीतराग थे। पाटलिपुत्र के महलों में न रहकर वे गंगातट पर बनी एक साधारण-सी कुटिया में रहते थे और गोबर के उपलों पर अपना भोजन स्वयं तैयार करते थे।

चाणक्य द्वारा स्थापित मौर्य साम्राज्य कालांतर में एक महान् साम्राज्य बना। चंद्रगुप्त ने उनके मार्गदर्शन में लगभग चौबीस वर्ष राज्य किया और पश्चिम में गांधार से लेकर पूर्व में बंगाल और उत्तर में कश्मीर से लेकर दक्षिण में मैसूर तक एक विशाल साम्राज्य की स्थापना की।

आचार्य चाणक्य द्वारा रचित 'अर्थशास्त्र' नामक ग्रंथ की गणना

विश्व की महान् कृतियों में की जाती है। राजनीति पर आधारित इस ग्रंथ में लगभग 5,000 श्लोक हैं। इसमें 15 भाग तथा अनेक उपभाग हैं।

चाणक्य नीति में वर्णित सूत्र का उपयोग आज भी राजनीति के मार्गदर्शक सिद्धांतों के रूप में किया जाता है।

चाणक्य के जन्म की ही भाँति उनकी मृत्यु आदि के बारे में भी कोई निश्चित जानकारी इतिहास के ग्रंथों में नहीं मिलती।

□

चाणक्य नीति और सफलता के सीक्रेट्स

कर्म

- धार्मिक कार्य, दान, तीर्थयात्रा, प्रार्थना, पूजा, उपवास और प्रवचनों इत्यादि में शामिल होना स्वर्ग के द्वार खोलता है। ये सभी कार्य आत्मा को स्वच्छ करते हैं, इसलिए स्वस्थ रहते हुए उचित तरीके से इनका पालन करें, अन्यथा मृत्यु के बाद कुछ नहीं रह जाएगा।

- एक व्यक्ति को अपने अच्छे और बुरे कर्मों के परिणामों का सामना अकेले ही करना पड़ता है। इसमें उसका कोई साथी नहीं होता। उसकी खुशी और उसके दुःख केवल उसके होते हैं; वे केवल उसी को प्रभावित करते हैं और किसी को नहीं। उसे स्वर्ग की ओर अपने जीवन की यात्रा अकेले ही तय करनी होती है।

- प्रत्येक व्यक्ति को अपने कर्मों के फल मिलते हैं, अच्छे या बुरे।

- मनुष्य का नियंत्रण केवल उसके कर्मों पर होता है। उसके कर्मों के लिए पुरस्कार देने की शक्ति केवल ईश्वर में होती है।

~❖~

- अपनी मुक्ति के लिए मनुष्य को स्वयं प्रयास करते रहना चाहिए।

~❖~

- एक अपराधी की साँसें चल रही हो सकती हैं, लेकिन वह एक मृत व्यक्ति के समान होता है। इसके विपरीत, पवित्र और अच्छे कर्म करनेवाले व्यक्ति को उसकी मृत्यु के बाद भी याद किया जाता है। उसकी प्रतिष्ठा और प्रसिद्धि उसकी मृत्यु के बाद भी उसे जीवित रखती है।

~❖~

- एक मनुष्य के कार्य और उसके परिणाम जुड़े होते हैं। इसलिए अनुकूल पुरस्कार की उम्मीद करने के लिए केवल अच्छे कर्म करें।

~❖~

- एक मनुष्य को उसके कर्मों के अनुसार पुरस्कृत या दंडित किया जाता है। प्रकृति के इस नियम को कोई भी नहीं बदल सकता है।

~❖~

- दुःख, पीड़ा, चिंता और संकट, जिनका मनुष्य अपने जीवन में सामना करता है, उसके पापपूर्ण कर्मों के परिणाम हैं।

~❖~

- बुरे या अपमानजनक कार्य करने के बाद मनुष्य की चेतना विचलित होती है और उसमें अफसोस की भावना घर कर जाती है; लेकिन यदि वह उन गतिविधियों में शामिल होने से पहले समझ जाता है कि क्या अच्छा है और क्या बुरा तो वह उन बुरे कर्मों में बिल्कुल नहीं फँसेगा।

~ ❖ ~

- बुरे कर्मों में फँसनेवाला व्यक्ति न केवल खुद के, बल्कि अपने परिवार के अपमान का कारण भी बनता है।

~ ❖ ~

- यदि धार्मिक प्रदर्शन में कोई चूक हो जाती है तो उससे कोई लाभ नहीं मिलता। यदि एक जीवन-रक्षक दवा का उपयोग बताए गए तरीके से नहीं किया जाता तो वह जीवन को खतरे में डाल सकती है। भोजन और धन की अत्यधिक बरबादी निर्धनता की ओर ले जाती है।

~ ❖ ~

- एक प्रभावशाली व्यक्ति द्वारा किया गया कोई अनुचित कार्य लोगों को उचित लगता है। इसके विपरीत, एक साधारण व्यक्ति द्वारा किया गया उचित कार्य भी लोगों के मन में संदेह उत्पन्न करता है।

आदत लत

- एक व्यक्ति, जिसे शराब की लत होती है, एक अंधे आदमी की तरह होता है, शराब के नशे में लोग अपना मानसिक संतुलन और तर्कपूर्ण तरीके से सोचने की योग्यता खो बैठते हैं।

लक्ष्य

- एक लक्ष्यहीन जीवन जीनेवाले व्यक्ति को न घर में शांति मिल सकती है और न वन में। उसका जीवन धरती पर एक मृत भार की तरह होता है, जिससे किसी को लाभ नहीं मिलता।

~ ❖ ~

- वह व्यक्ति, जिसने अपने जीवन का लक्ष्य तय कर लिया है, कभी भटकता नहीं है।

क्रोध

- क्रोध मनुष्य को पूरी तरह बरबाद कर देता है। यह मृत्यु के देवता की छवि की तरह होता है, जो मनुष्य को अपने भयंकर जबड़े में दबोचने के लिए सदैव तैयार रहता है। इसके प्रभाव में मनुष्य अपना मानसिक संतुलन खो देता है और घृणास्पद कार्य करने लगता है।

अहंकार पर चाणक्य

- मनुष्य को दान, भक्ति, वीरता, पूजा, साहस, विज्ञान की जानकारी, विनम्रता और सामरिक कौशल की अपनी क्षमता पर घमंड नहीं करना चाहिए। कोई भी मनुष्य, जो घमंडी हो जाता है, जल्दबाजी में पाप करता है और बरबाद हो जाता है।

लगाव

- जब मनुष्य को किसी के प्रति लगाव हो जाता है तो उसका

जीवन उसी व्यक्ति के द्वारा निर्देशित होता है। जब वह व्यक्ति दुःखी होता है तो वह स्वयं भी दुःखी हो जाता है। इसी तरह, वह उस व्यक्ति के अनुसार खुशी और डर महसूस करता है, जिससे उसको लगाव है।

- सच्चे प्यार का बंधन उन्हें परस्पर महान् गहराई से बाँध देता है। ऐसी स्थिति में, यदि एक व्यक्ति दूर भी हो तो दूसरा उसे अपने निकट महसूस करता है।

दृष्टिकोण

- यह एक व्यक्ति का दृष्टिकोण ही होता है, जो किसी चीज के मूल्य को बढ़ाता या घटाता है। यह वैसा ही प्रतीत होता है, जैसा मनुष्य इसे देखना चाहता है।

स्नान

- तेल मालिश, श्मशान-यात्रा, परिश्रमपूर्ण कार्य करने और दाढ़ी बनाने जैसी क्रियाओं के बाद मनुष्य का शरीर अशुद्ध हो जाता है। स्नान करने की क्रिया उसे फिर से शुद्ध कर देती है; इसलिए उपर्युक्त के बाद स्नान करना आवश्यक है। यह एक स्वस्थ क्रिया भी है।

- किसी को भी संभोग के तुरंत बाद स्नान नहीं करना चाहिए। यह स्वास्थ्य के लिए ठीक नहीं है।

सौंदर्य

- अच्छे गुण सौंदर्य में वृद्धि करते हैं।

~ ❖ ~

- यदि आप बहुत सुंदर और युवा हैं, लेकिन आप में कोई गुण नहीं है तो आप अपमान और उपेक्षा का सामना करेंगे।

भीख माँगना

- यदि कोई व्यक्ति भिखारी के रूप में किसी के घर जाता है तो उसका आदर, सम्मान और गौरव नष्ट हो जाता है। इसलिए मनुष्य को कड़ी मेहनत करनी चाहिए, ताकि भीख माँगने की आवश्यकता उत्पन्न न हो।

~ ❖ ~

- भूसे का एक तिनका और कपास इस दुनिया में सबसे हलकी चीजें हैं; लेकिन एक भिखारी लाक्षणिक रूप से इन दोनों से भी हलका होता है।

व्यवहार

- लोगों को अपने सामने झुकाने के लिए व्यक्ति का व्यवहार पर्याप्त है। अच्छे व्यवहार से दुश्मन को भी जीता जा सकता है।

~ ❖ ~

- एक शराबी व्यक्ति का अपने भाषण पर नियंत्रण नहीं रहता। इसलिए यह अनुमान लगाना मुश्किल होता है कि वह कैसा व्यवहार करेगा?

- सार्वजनिक लेन-देन में नौकरों के साथ विनम्र व्यवहार, संबंधियों के साथ स्नेही व्यवहार और बुरे व्यक्तियों के साथ सख्त व्यवहार शामिल है। इसके अलावा, इसमें सज्जन व्यक्तियों एवं विद्वानों के प्रति एक स्नेही और सौम्य व्यवहार, दुश्मनों के खिलाफ साहसपूर्ण निर्णय, शिक्षकों के प्रति एक स्थायी और आदरणीय व्यवहार और महिलाओं के प्रति विनोदी व्यवहार भी शामिल है। इस तरह का व्यवहार करनेवाला व्यक्ति समाज में एक खुशहाल जीवन जिएगा।

~ ❖ ~

- अपनी कमाई से अधिक खर्च करना, बिना कारण दूसरों से लड़ना और सभी प्रकार की महिलाओं के साथ संभोग करना—ये तीन कार्य मनुष्य और उसके परिवार को बरबादी की ओर प्रेरित करते हैं।

~ ❖ ~

- बहुत अधिक प्रयास किए बिना केवल अच्छे आचरण और स्वभाव से कोई व्यक्ति एक विद्वान्, एक सज्जन पुरुष और पिता को संतुष्ट कर सकता है। इसी प्रकार, मीठी बातें करके वह मित्रों, रिश्तेदारों और विद्वानों को खुश व संतुष्ट कर सकता है। अच्छा व्यवहार और मीठी बातें करनेवाले व्यक्ति के लिए कुछ भी असंभव नहीं है।

~ ❖ ~

- शरीर की संरचना के अलावा मनुष्य और पशु के बीच बहुत अधिक अंतर नहीं है। यह केवल व्यक्ति का व्यवहार है, जो उसे पशुओं से बेहतर बनाता है।

आशीर्वाद

- एक सज्जन पुरुष या साधु से मिलने पर आपको उनका पवित्र आशीर्वाद प्राप्त हो सकता है; जबकि पवित्र स्थलों से आशीर्वाद प्राप्त करने के लिए हमें लंबी यात्राएँ करनी पड़ती हैं।

शरीर

- आँखें सबसे महत्त्वपूर्ण इंद्रिय होती हैं। उन्हीं के माध्यम से मनुष्य ईश्वर की खूबसूरत रचना देख सकता है।

~ ❖ ~

- मस्तिष्क शरीर को नियंत्रित करता है। उसके बिना शरीर बेकार है।

जाति

- पूर्णिमा के चंद्रमा के बजाय अगले दिन के ढलते चंद्रमा की पूजा की जाती है। इसी प्रकार, अच्छे गुणोंवाले निम्न जाति के गरीब व्यक्ति के साथ सम्मानपूर्ण व्यवहार किया जाता है।

लक्षण

- अच्छे लक्षण पूर्व जन्म से आगे आते हैं। उदार, शिक्षित, संयमी, गुणकारी होना कुछ अच्छे गुण हैं, जो पिछले कई जन्मों से आगे बढ़ते जाते हैं। उनका उपयोग करके जीवन को उद्देश्यपूर्ण बनाना चाहिए।

दान

- समुद्र पर वर्षा कोई उद्‌देश्य पूरा नहीं करती है। दिन की रोशनी में मोमबत्ती बेकार होती है। जिस व्यक्ति को भूख नहीं लगी हो, उसे भोजन कराना और एक अमीर व्यक्ति को भिक्षा देना बेकार है। जिस प्रकार खेतों में बारिश की और अँधेरे में मोमबत्ती की आवश्यकता होती है, उसी प्रकार भोजन भूखे लोगों को खिलाया जाना चाहिए और दान गरीबों को देना चाहिए।

~ ❖ ~

- दूसरों के कल्याण की परवाह करनेवाला व्यक्ति सही मायने में शुद्ध होता है। उसकी आत्मा बुरी संगति में भी भ्रष्ट नहीं होती है।

~ ❖ ~

- अगर किसी ऐसे व्यक्ति को दान दिया जाता है, जो सहिष्णु, ज्ञानी, ईमानदार और सौम्य है तो देनेवाले को उससे सौ गुना अधिक प्राप्त होता है। हालाँकि, दान किसी ऐसे व्यक्ति को कभी नहीं देना चाहिए, जो आलसी, बुरा, ईर्ष्यापूर्ण, अनैतिक या पापी हो, अन्यथा ऐसा दान बेकार हो जाएगा।

~ ❖ ~

- व्यक्ति को धन की बचत करनी चाहिए और उसे दान भी देना चाहिए। ये कार्य उसे समाज में सम्मान अर्जित करने में मदद करते हैं; जबकि वह दूसरे लोक में अप्रतिबंधित सुख का आनंद लेने के योग्य बन जाता है।

~ ❖ ~

- दान कभी बेकार नहीं जाता है। वास्तव में, दान की राशि दस गुना होकर वापस आती है। इसलिए एक व्यक्ति को जरूरतमंदों और कठिनाई में रहते विद्वानों को जितना हो सके, दान करना चाहिए। इससे उसके लिए और अधिक धन पाने के द्वार खुल जाएँगे।

परिस्थितियाँ

- मनुष्य को परिस्थितियों के अनुसार स्वयं को बदल लेना चाहिए।

संगति (साथ)

- सज्जन और योग्य व्यक्तियों का साथ साधारण लोगों का स्तर बढ़ा देता है। इसलिए लोगों को संतों के साथ की तलाश करनी चाहिए।

~ ❖ ~

- यदि व्यक्ति एक तेज जबानवाली महिला की संगति रखता है, एक पापी को अपना दोस्त बनाता है या एक गद्दार और स्वार्थी नौकर को काम पर बरकरार रखता है तो वह अपने जीवन के साथ खिलवाड़ करता है। ऐसा व्यक्ति कभी भी मृत्यु को प्राप्त हो सकता है।
- अनैतिक, पापी, दुष्ट या क्रूर व्यक्तियों की संगति में बने रहने पर बुद्धिमान और ज्ञानी व्यक्ति भी कुछ समय बाद बरबाद हो जाते हैं। ऐसे व्यक्ति एक कोयले की खान की तरह होते हैं, जहाँ सबकुछ काला हो जाता है। ऐसे व्यक्तियों के साथ दोस्ती करने से बचें।

- एक व्यक्ति केवल एक गुणी बेटे, वफादार पत्नी और सज्जन पुरुष की संगति में ही खुशी और शांति महसूस कर सकता है।

~ ❖ ~

- एक दुष्ट व्यक्ति बेहद खतरनाक, अपमानजनक और धोखेबाज होता है। केवल उनके साथ होने से ही कई संकट और दुःख पैदा हो सकते हैं।

~ ❖ ~

- राजा, अग्नि, गुरु और महिला से न तो निकटता अच्छी होती है और न ही उनसे बचना अच्छा होता है। इससे मनुष्य पूर्ण रूप से बरबाद हो सकता है।

~ ❖ ~

- राजा और गुरु से निकटता व्यक्ति को घमंडी बनाती है और वह दोषपूर्ण हो जाता है; जबकि उनसे दूर रहना उपेक्षा की ओर ले जाता है।

आचरण

- जो लोग गंदे कपड़े पहनते हैं, जिनके दाँत गंदे होते हैं, जो अधिक मात्रा में खाते हैं, जो अपमानजनक भाषा का प्रयोग करते हैं और जो सूर्योदय या सूर्यास्त के दौरान सोते हैं, वे अपनी कृपा, स्वास्थ्य, सौंदर्य खो देते हैं; यहाँ तक कि ईश्वर भी उन्हें अकेला छोड़ देते हैं।

संतुष्टि

- संतुष्टि मनुष्य को पूरी खुशी देती है, जबकि लालच,

बीमारी की तरह, मनुष्य को वास्तविक खुशी से वंचित कर देता है।

~ ❖ ~

- मनुष्य को सभी प्रकार के सुखों की इच्छा छोड़ देनी चाहिए। सबकुछ भगवान् के हाथों में होता है। वही फैसला करता है कि किसे क्या मिलता है और कौन क्या देता है! इसलिए हर एक मनुष्य को उससे संतुष्ट होना सीखना चाहिए, जो उसके पास है।

~ ❖ ~

- व्यक्ति कभी धन, जीवन, स्त्री और व्यंजनों से संतुष्ट नहीं होता है। ये सब चीजें उसे जितनी अधिक मिलती हैं, वह उन्हें उतना ही अपर्याप्त महसूस करता है।

संकट

- संकट के समय में मनुष्य किसी भी सीमा को पार कर सकता है।

~ ❖ ~

- आवश्यकता के समय किताबों का ज्ञान और दूसरों का धन मदद नहीं करता है। संकट में व्यक्ति का स्वयं का बचाया हुआ धन ही मदद करता है।

आलोचना

- पक्षियों के बीच कौआ, जानवरों के बीच कुत्ता और संतों के बीच एक पापी सबसे बुरे और अधार्मिक होते हैं;

आलोचक और भी बड़ा पापी व नीच होता है। किसी आलोचक को आलोचना करके कुछ हासिल नहीं होता, फिर भी वह उसका आनंद लेता है। आलोचना कर-करके उसके पाप जुड़ते रहते हैं और एक दिन आता है, जब उसके पाप और किसी को नहीं, बल्कि उसे ही नष्ट कर देते हैं।

~ ❖ ~

- दूसरों की आलोचना करना सबसे अधिक भ्रष्ट और भयानक कार्य है। यदि कोई व्यक्ति इसे छोड़ सकता है तो वह पूरी दुनिया को नियंत्रित कर सकता है। आलोचना छोड़ देने से सभी सुख व्यक्ति के पक्ष में हो जाते हैं।

~ ❖ ~

- किसी आलोचक और चुगलखोर को अपराधियों की चिंता नहीं करनी चाहिए। दूसरों की आलोचना करके वे खुद ही अपराधियों की तरह काम करते हैं।

मृत्यु

- एक कौआ, कबूतर, गौरैया और तोता—विभिन्न प्रजातियों और विशेषताओं के होने के बावजूद रात में एक ही पेड़ पर सोते हैं; लेकिन पौ फटते ही वे सभी अपने संबंधित स्थलों की ओर उड़ जाते हैं। इसी तरह, मानव आत्मा परिवार रूपी पेड़ में बस जाती है और नियत समय पर वहाँ से उड़ जाती है। इसलिए किसी को आत्मा के प्रस्थान पर दु:ख या शोक नहीं करना चाहिए।

~ ❖ ~

- मृत्यु प्रकृति का नियम है और पूरा ब्रह्मांड इसके द्वारा निर्देशित है। यहाँ तक कि इस दुनिया के निर्माता भगवान् ब्रह्मा भी इसे नहीं बदल सकते।

धोखे

- तीखे पंजेवाले जीव, लंबे सींगवाले जानवर, तेज प्रवाहवाली नदियाँ, सशस्त्र व्यक्ति, महिलाएँ और राजसी परिवारों के संबंधी भरोसेमंद नहीं होते, अर्थात् वे किसी भी समय धोखा दे सकते हैं।

~ ❖ ~

- एक व्यक्ति, जो दूसरों के रहस्यों को उजागर करता है, वह विकृत, उकसाने वाला और बुरा होता है। इस तरह के व्यक्ति को शुरुआत में दूसरों का अपमान करके प्रसन्नता महसूस होती है, लेकिन बाद में वह चींटियों के बिल में फँसे साँप की तरह बरबाद हो जाता है।

समर्पण

- पूर्ण समर्पण के साथ किया गया कोई भी कार्य पुरस्कार देने में कभी विफल नहीं रहता है।

निर्भरता

- अज्ञानी होना पीड़ादायी है, क्योंकि इससे मनुष्य का मजाक बनाया जा सकता है; लेकिन किसी पर निर्भर होना सबसे पीड़ादायी होता है। ऐसे व्यक्ति की तुलना एक जानवर से की जा सकती है, क्योंकि उसे किसी

और के आदेश पर कार्य करना होता है।

इच्छा

- मनुष्य की इच्छाओं और वासनाओं का कोई अंत नहीं होता। मनुष्य की एक इच्छा की पूर्ति कई अन्य इच्छाओं को अस्तित्व में ले आती है।

~ ❖ ~

- मनुष्य को धैर्य और संतुष्टि के दो गुणों को ग्रहण कर लेना चाहिए। ये सुनिश्चित करेंगे कि उसके मन में शांति है और वह संतुष्ट है।

~ ❖ ~

- इच्छाओं की पूर्ति भाग्य पर और मनुष्य के कार्यों पर निर्भर करती है। उसका भाग्य उसके कार्यों के आधार पर पुरस्कार का फैसला करता है। यदि कोई व्यक्ति अपने बुरे कर्मों के बदले में सांसारिक सुख की इच्छा रखता है तो उसकी इच्छा कभी पूरी नहीं होगी। इसलिए, अनुकूल पुरस्कारों के लिए मनुष्य को अच्छे कर्म करने चाहिए।

भक्ति

- सच्चाई से बड़ी कोई भक्ति नहीं है। सच्चाई की ज्वाला शरीर की सभी विकृतियों को समाप्त कर देती है। इसलिए एक सच्चे मनुष्य को भक्तिपूर्ण तपस्या करने की कोई आवश्यकता नहीं है।

अपमान

- अपमानित होना मृत्यु से ज्यादा पीड़ादायी होता है।

~ ❖ ~

- एक अपमानित व्यक्ति हर अवसर पर अपमानित होता है; समाज उसे घृणा के साथ देखता है; करीबी और प्रिय लोग उस पर अपमानजनक टिप्पणी करते हैं। यहाँ तक कि उसकी पत्नी और पुत्र भी उससे बचते हैं। एक सम्मानजनक मृत्यु ऐसी जिंदगी जीने से बेहतर होती है।

कर्तव्य

- दूसरों के दुःख को महसूस करना और दूसरों की मदद करने के लिए हमेशा तैयार होना मनुष्य के सच्चे कर्तव्य हैं।

~ ❖ ~

- भगवान् से प्रार्थना करना और धार्मिक स्थानों पर जाना ही व्यक्ति का एकमात्र कर्तव्य नहीं है। दूसरों की सेवा करना और मानवता दिखाना उसके सच्चे कर्तव्यों में से है।

~ ❖ ~

- एक छात्र, कर्मचारी, यात्री, भूखा व्यक्ति, भयभीत व्यक्ति, दुकानदार और चौकीदार जागने के दौरान ही अपने कार्यों को पूरा कर सकते हैं।

शिक्षा

- उपस्थिति, सौंदर्य, धन, संपत्ति, शक्ति, स्थिति और युवावस्था

केवल तभी सुखद लगते हैं, जब वे शिक्षा और ज्ञान द्वारा समर्थित होते हैं।

- जिस प्रकार एक व्यक्ति—जिसके पास कामधेनु है, कभी भूख से नहीं मरेगा, उसी प्रकार एक व्यक्ति शिक्षा प्राप्त कर लेने के बाद किसी भी संकट का सामना करने में सक्षम हो जाता है।

- वह व्यक्ति, जिसके पास तर्कपूर्ण तरीके से सोचने की क्षमता नहीं होती, जो सीखने के लिए उत्सुक नहीं होता, उसे श्रेष्ठ प्रयासों के बावजूद सिखाया नहीं जा सकता।

- विदेशी भूमि पर शिक्षा आपकी माँ के समान होती है, जो हर कदम पर आपकी रक्षा करेगी।

- शिक्षा एक छुपे हुए खजाने की तरह है, जिसे कोई चुरा नहीं सकता। इसके विपरीत, आप उसका जितना अधिक उपयोग करते हैं, उतनी ही वह समृद्ध होती है।

- ऐसी कोई शिक्षा, जिसके माध्यम से आप धन नहीं कमा सकते, बेकार है।

- एक व्यक्ति को जहाँ से भी कोई सीख मिल रही हो,

शालीनता से स्वीकार कर लेनी चाहिए।

~ ❖ ~

- एक व्यक्ति सज्जन पुरुष की संगति में बहुत कुछ सीख सकता है। इसके विपरीत, बुरे लोगों की संगति उसे बुरे कर्मों और अपराध की ओर ले जाएगी।

~ ❖ ~

- एक विद्वान् की हर जगह प्रशंसा होती है। उसे हर स्थान पर सम्मान/प्रसिद्धि मिलती है। वह शिक्षा के कारण प्रसन्न बना रहता है।

~ ❖ ~

- जिस प्रकार एक साधु धार्मिक तपस्या की आग में खुद को शुद्ध करता है और पवित्र गुण अर्जित करता है, उसी प्रकार एक छात्र एक कष्टप्रद राह पर चलते हुए शिक्षा जैसा अमूल्य धन प्राप्त करता है।

~ ❖ ~

- प्रत्येक व्यक्ति को शिक्षित होना चाहिए। शिक्षा उसके लिए प्रगति के दरवाजे खोल देगी।

~ ❖ ~

- जिस प्रकार एक कुत्ता अपने अंगों को ढँक नहीं सकता या अपनी पूँछ की मदद से मक्खियों से छुटकारा नहीं पा सकता, उसी प्रकार एक मूर्ख और अशिक्षित व्यक्ति ठीक से अपने परिवार की देखभाल या रक्षा नहीं कर सकता है।

~ ❖ ~

- एक विद्वान्, जो केवल धन कमाने के लिए अपने ज्ञान का उपयोग करता है, समाज के लिए बेकार है। समाज में उसके होने या न होने से कोई अंतर नहीं पड़ेगा। वह दुनिया में अपनी बुद्धि और ज्ञान के लिए कभी भी प्रसिद्ध नहीं होगा।

~ ❖ ~

- एक छात्र, जो सांसारिक सुख चाहता है, उसे शिक्षा प्राप्त करने का विचार छोड़ देना चाहिए। भौतिक सुखों का आनंद लेने और शिक्षा प्राप्त करने के मार्ग एक-दूसरे को पार नहीं करते हैं। दोनों को एक साथ हासिल करना मुश्किल है।

~ ❖ ~

- एक छात्र, जो अपनी शिक्षा को अभ्यास में डाल सकता है, जीवन में इसका लाभ उठा सकता है।

प्रयास

- एक व्यक्ति को भगवान् में पूर्ण विश्वास होना चाहिए; लेकिन उसे अपने प्रयासों को नहीं छोड़ना चाहिए। ईश्वर केवल उन लोगों की इच्छाओं को पूरा करता है, जो प्रयास करते हैं।

~ ❖ ~

- भाग्य को बदला नहीं जा सकता है। मनुष्य के भाग्य में जो भी लिखा है, उसे उसका सामना करना ही पड़ता है; फिर भी वह अपने प्रयासों और कार्यों द्वारा प्रतिकूल परिस्थितियों को अनुकूल बना सकता है। इसलिए, उसे

प्रयास करते रहने में संकोच नहीं करना चाहिए।

दुश्मन

- एक बुद्धिमान व्यक्ति के लिए यह सुनिश्चित करना आवश्यक है कि उसके दुश्मन हमेशा कठिनाइयों में फँसे रहें, ताकि वे कभी भी उसके लिए कोई बाधा उत्पन्न न कर सकें।

~ ❖ ~

- एक मजबूत व्यक्ति को बल द्वारा काबू में नहीं किया जा सकता; लेकिन आप ऐसा आचरण करके उसे नियंत्रित कर सकते हैं, जो उसके अनुकूल हो। एक दुष्ट दुश्मन को उसके प्रतिकूल आचरण करके पराजित किया जाना चाहिए; जबकि बराबरी के दुश्मन को नम्रता और बल दोनों के संयोजन द्वारा जीता जा सकता है।

~ ❖ ~

- किसी हाथी को अंकुश, घोड़े को चाबुक द्वारा और सींगवाले जानवर को छड़ी द्वारा नियंत्रित किया जाता है। इसी तरह, एक दुष्ट व्यक्ति को नियंत्रित करने के लिए तलवार (सजा) का उपयोग करने की आवश्यकता होती है। दुष्ट व्यक्ति की मानसिकता बहुत क्षुद्र होती है। वह हमेशा दूसरों को नुकसान पहुँचाने की योजना बनाता रहता है। ऐसे लोगों को प्रेम, स्नेह और ज्ञान से बदलना असंभव है।

~ ❖ ~

- किसी दुष्ट और क्रूर व्यक्ति को दूसरों को नुकसान पहुँचाने में संतुष्टि मिलती है। वह दूसरों को संकट में देखकर खुद को उत्साहित महसूस करता है।

~ ❖ ~

- एक बुरे व्यक्ति को उसके चरम क्रोध, नितांत जहरीले भाषण और मित्रों व संबंधियों को नुकसान पहुँचाने की तत्परता से पहचाना जा सकता है। ऐसा व्यक्ति बुरे लोगों की संगति रखता है और असम्मानित पुरुषों के लिए काम करता है। ऐसे व्यक्ति को इस दुनिया में रहते हुए भी नरक की चरम कठिनाइयों का सामना करना पड़ता है।

बुराई

- एक दुष्ट व्यक्ति धार्मिकता के मार्ग पर चलनेवाले हर व्यक्ति को अपना दुश्मन समझता है; फिर भी एक सज्जन व्यक्ति अपने धार्मिक मार्ग पर चलता रहता है।

~ ❖ ~

- नीम का पेड़ (एक कड़वा पेड़) घी, दूध और चीनी से सिंचित किए जाने पर भी अपनी प्रकृति को नहीं बदलता है, अर्थात् उसकी कड़वाहट नहीं निकलती है; वैसे ही, समस्त उपदेशों और स्नेही व्यवहार के बावजूद एक दुष्ट व्यक्ति को सज्जन व्यक्ति के रूप में बदलना संभव नहीं है।

~ ❖ ~

- एक व्यक्ति, जो दान से बचना चाहता है, जो सोचता है कि वेदों का अध्ययन एक बेकार का शगल है, जो सोचता है कि संतों और तपस्वियों के पास जाना व्यर्थ का काम है,

जिसने कभी धार्मिक स्थानों की यात्रा नहीं की है, जिसने अनैतिक तरीकों से धन इकट्ठा किया है, जो हर समय अहंकार और घमंड के मुखौटे के पीछे रहता है, वह पतित, दुष्ट और स्वार्थी होता है। वह केवल अपने लिए जीता है और उसे दूसरों की परवाह नहीं रहती।

~ ❖ ~

- एक दुष्ट व्यक्ति कोई रहस्य नहीं रख सकता। वह जल्दी ही बात को हर जगह फैला देता है।

~ ❖ ~

- एक बुरे और क्रूर व्यक्ति का व्यवहार परिस्थितियों के अनुसार रहस्यमय तरीके से बदल जाता है। इसलिए किसी को भी उसे समझना असंभव है।

~ ❖ ~

- दुष्ट व्यक्ति पृथ्वी पर भार की तरह होता है। उसके जिंदा रहने से बेहतर उसका मर जाना है। उसे जल्द-से-जल्द अपने जीवन को बेहतर बनाना चाहिए, अन्यथा वह केवल पाप और गलत काम को बढ़ावा देगा।

~ ❖ ~

- जिस प्रकार एक जंगली कद्दू पूरी तरह से पकने के बाद भी मीठा नहीं हो सकता है, यानी वह कड़वा ही रहता है, उसी प्रकार एक बुरा व्यक्ति चाहे कितनी भी उम्र का हो जाए, अपनी क्रूर और पापी प्रवृत्ति को बरकरार रखता है। वृद्धावस्था में भी वह योजनाएँ बनाना जारी रखता है। इसलिए एक व्यक्ति को उसकी उम्र के बजाय उसकी

क्षमताओं के आधार पर आँकना चाहिए।

- दूसरों की प्रगति से ईर्ष्या करना एक बुरे व्यक्ति की मूल प्रकृति होती है। वह अपनी प्रगति के लिए काम करने का प्रयास करता है, बिना इस बात की परवाह किए कि इससे दूसरों को चोट पहुँच सकती है, लेकिन जब वह विफल रहता है तो खुद को ऊपर उठाने और दूसरों को अपमानित करने के लिए आलोचना का सहारा लेता है। इसी तरह वह खुद को एक सक्षम व्यक्ति साबित करने का प्रयास करता है।

- जिस तरह एक साँप, एक मधुमक्खी और बिच्छू के पास जहर होता है, एक दुष्ट व्यक्ति भी घातक जहर से युक्त होता है। अंतर केवल इतना होता है कि साँप का जहर उसके नुकीले दाँतों में होता है, मधुमक्खी का उसके माथे में और बिच्छू का जहर उसकी पूँछ में होता है; जबकि दुष्ट व्यक्ति का पूरा शरीर जहरीला होता है। जो भी उसके संपर्क में आता है, उसके बुरे प्रभाव से बच नहीं सकता है।

यश

- यश की तुलना में दुनिया भर के गहनों की चमक फीकी होती है।

परिवार

- एक वैरागी के लिए सच्चाई माँ की तरह होती है, ज्ञान

पिता की तरह होता है, धर्म भाई की तरह, करुणा बहन की तरह, शांति पत्नी की तरह और क्षमा पुत्र की तरह होती है। वास्तव में, इस नश्वर दुनिया में यही सच्चे संबंध/दोस्त हैं। यही कारण है कि एक वैरागी भी अकेला नहीं होता है।

भाग्य

- भाग्य किसी व्यक्ति के हाथों में नहीं होता, लेकिन उसके कर्म निश्चित रूप से होते हैं।

~ ❖ ~

- मनुष्य के जन्म के समय से उसका ज्ञान उसके भाग्य द्वारा निर्धारित होता है। उसका जीवन, कर्म, परिस्थितियाँ—सबकुछ भाग्य द्वारा तय होते हैं। उसे उसके भाग्य द्वारा नियत संबंधी और दोस्त मिलते हैं। मनुष्य को केवल वही मिलता है, जो उसके भाग्य में लिखा होता है।

~ ❖ ~

- किसी भी मनुष्य के लिए अपने भाग्य को हराना असंभव है। यह भाग्य का चमत्कार होता है, जो एक राजा को भिखारी और एक भिखारी को राजा बना सकता है। जो कुछ भी ईश्वर ने मनुष्यों के लिए तय कर रखा है, वह उसे करना पड़ता है और उसके अनुसार परिणामों से गुजरना पड़ता है। भाग्य किसी भी तरह से बदला नहीं जा सकता।
- ईश्वर जो चाहता है, उसे बदलना असंभव है। अपने जीवनकाल में एक मनुष्य तदनुसार कार्य करता है और उसके परिणाम भुगतता है। यदि वसंत में एक झाड़ी

खिलती नहीं है तो वसंत की कोई गलती नहीं होती; यदि एक उल्लू दिन में नहीं देख पाता तो सूर्य को दोष देना बेकार है; यदि बारिश की बूँदें कोयल के मुँह में नहीं आतीं तो बादलों की कोई गलती नहीं होती। इसी प्रकार, मनुष्य अपने जीवनकाल के दौरान जिन कठिनाइयों का सामना करता है, उनमें उसकी कोई गलती नहीं होती। वे सब पूर्व–निर्धारित होती हैं।

~❖~

- वे लोग, जो केवल भाग्य के भरोसे बैठे रहते हैं, अपना बहुमूल्य जीवन नष्ट कर देते हैं; लेकिन वे लोग, जो अपने प्रयासों से संकट को टाल देते हैं और विपरीत परिस्थितियों का सामना करते रहते हैं, वे एक खुशहाल जीवन जीते हैं।

पिता

- पहले पाँच वर्षों तक एक बच्चे को प्रेम और स्नेह के साथ पालना चाहिए। अगले दस वर्षों तक उसकी परवरिश सख्त अनुशासन के साथ करनी चाहिए, क्योंकि यह अवधि उसके व्यक्तित्व को सँवारने की होती है और उस नींव का काम करती है, जिस पर उसका शेष जीवन टिका होता है। सोलह वर्ष की उम्र से उसके साथ एक मित्र की तरह व्यवहार करना चाहिए; मित्र की तरह उसका मार्गदर्शन करना चाहिए और उसकी समस्याओं का समाधान भी एक मित्र की तरह करना चाहिए।

~❖~

- एक सच्चा पुत्र वह होता है, जो हमेशा अपने माता-पिता की आज्ञा का पालन करता है। केवल वह व्यक्ति, जो अपने बच्चे की परवरिश अच्छी तरह करता है, उसके दुःख और उसकी खुशी की परवाह करता है, सच्चे मायने में पिता होने के योग्य होता है।

~ ❖ ~

- एक पिता को अपनी बेटी का विवाह एक सम्मानित और उपयुक्त परिवार में करना चाहिए। उसे अपने पुत्र को अच्छी-से-अच्छी शिक्षा भी देनी चाहिए।

~ ❖ ~

- माता-पिता के अच्छे-बुरे गुण और आचरण उनके बच्चों को प्रभावित करते हैं।

~ ❖ ~

- जानकार माता-पिता अपने ज्ञान द्वारा अपने बच्चों की अज्ञानता दूर करने में सक्षम होते हैं, इसलिए उन्हें अपने बच्चों के चरित्र का निर्माण करना चाहिए। उन्हें उचित शिक्षा और भक्ति द्वारा उनकी प्रतिभाओं का विकास करना चाहिए। इससे उनकी जन्मजात प्रतिभाएँ पूजा और सम्मान के योग्य बन जाएँगी।

~ ❖ ~

- बच्चों को आवश्यकता से अधिक लाड़-प्यार करने और उनकी सही व गलत सभी माँगें स्वीकार करके एक पिता अपने बच्चों में कई बुरी आदतें पैदा कर सकता है। ये बुरी आदतें भविष्य में उनकी प्रगति और विकास में

बाधा डालती हैं। इसलिए बच्चों को अनुशासित करना भी अनिवार्य है।

~ ❖ ~

- एक कुम्हार को अपने चाक पर घूम रही मिट्टी को एक खूबसूरत आकार देने के लिए उसे थपथपाने की, सहलाने की, यहाँ तक कि पीटने की आवश्यकता भी होती है। माता-पिता को भी अपने बच्चों को उसी तरह पालना और आकार देना चाहिए, जैसे एक कुम्हार अपने बरतनों को आकार देता है।

भोजन

- किसी व्यक्ति को भोजन केवल इसलिए नहीं छोड़ना चाहिए, क्योंकि वह स्वादिष्ट नहीं है। उसको जो भी भोजन मिले, वह खुशी से स्वीकार कर लेना चाहिए, चाहे वह साधारण हो या शाही परिवारों के खाने लायक हो।

~ ❖ ~

- पानी, गन्ना, दूध, सब्जियाँ, पान का पत्ता, फल और औषधि शास्त्रों में सबसे शुद्ध तत्त्वों के रूप में वर्गीकृत हैं। इसलिए आप इनका सेवन करने के बाद भी अपने धार्मिक अनुष्ठान कर सकते हैं। इन्हें खाने में कोई बाधा नहीं है।

~ ❖ ~

- वह हमारा पेट है, जो हमारे स्वास्थ्य को नियंत्रित करता है। इसलिए यह आवश्यक है कि हम अपना पाचन ठीक

रखें। अपच की स्थिति में पानी दवा का काम करता है। इसलिए ढेर सारा पानी पिएँ, लेकिन खाने से पहले या खाना पचने के बाद। यदि भोजन के तुरंत बाद पानी पिया जाता है तो वह धीमे जहर का काम करता है और शरीर को खराब कर देता है।

~ ❖ ~

- भोजन में घी डालना अधिकतम शक्ति और पोषण प्रदान करता है। गेहूँ की तुलना में उसका आटा दस गुना अधिक पोषण प्रदान करता है; दूध में आटे से दस गुना अधिक पोषण होता है; मांस में दूध से आठ गुना अधिक पोषण होता है; लेकिन घी सबसे उत्तम होता है। इसका नियमित सेवन अत्यधिक शक्ति और पोषण प्रदान करता है। इसलिए आहार में इसका सही मात्रा में सेवन किया जाना चाहिए।

~ ❖ ~

- एक व्यक्ति, जो एक वर्ष तक भोजन करते समय मौन रखता है, आनेवाले लाखों वर्षों तक स्वर्ग के सुखों का आनंद उठाता है।

मूर्खता

- विपरीत समय पर बुद्धिमान लोग भी मूर्खतापूर्ण कार्य करते हैं।

संपत्ति

- छोटी बूँदें एक बरतन भर सकती हैं और एक नदी का

निर्माण कर सकती हैं; छोटे सिक्के जुड़कर एक आदमी को अमीर बना सकते हैं। आप छोटी-छोटी बचत से संपत्ति बना सकते हैं।

मित्र

- साँप का काटना एक दुर्भाग्यपूर्ण घटना है; हालाँकि एक दुष्ट व्यक्ति का आपको हर कदम पर धोखा देना और आपको अनावश्यक रूप से चोट पहुँचाना निश्चित है। यदि दोनों के बीच एक विकल्प दिया जाता है तो बिना किसी हिचकिचाहट के साँप का चयन करें।

~ ❖ ~

- विदेश जानेवाले व्यक्ति के लिए शिक्षा उसकी असली मित्र है और परिवार के लिए एक वफादार पत्नी एक सच्ची मित्र है। एक बीमार व्यक्ति के लिए उसकी औषधि उसकी सच्ची मित्र है।

~ ❖ ~

- एक व्यक्ति का सच्चा शुभचिंतक वह है, जो बीमारी, अकाल, संकट व आक्रमण के समय आपका साथ देता है और मृत्यु के बाद आपकी श्मशान-यात्रा में भाग लेता है। एक सच्चा दोस्त वह होता है, जो खुशी और दुःख—दोनों को साझा करता है।

~ ❖ ~

- एक ऐसे मित्र से समर्थन या स्नेह की अपेक्षा करना बेकार है, जो धोखेबाज और विश्वासघाती है। केवल ऐसे व्यक्ति

से मित्रता करें, जो सक्षम और भरोसेमंद हो।

- जिस प्रकार बाहर से अच्छे दिखनेवाले कई फल मीठे नहीं होते, उसी प्रकार, जो लोग मीठी बात करते हैं, वे खतरनाक और कुटिल हो सकते हैं। जो लोग आपके सम्मुख चापलूसी करते हैं और आपकी पीठ के पीछे आपकी आलोचना करते हैं, वे आपके मित्र बनने के लिए उपयुक्त नहीं हैं। वे दूध में जहर की तरह होते हैं। उनसे हमेशा सावधान रहना चाहिए और जल्द-से-जल्द उनसे छुटकारा पा लेना चाहिए।

- एक बुरे व्यक्ति के साथ दोस्ती बहुत हानिकारक और संकट से भरी होती है, इसलिए मनुष्य को हमेशा उसकी संगति से दूर रहना चाहिए।

- यदि कोई मित्र आपका शत्रु बन जाता है तो वह आपको कोई बड़ा नुकसान पहुँचा सकता है, क्योंकि वह आपके व्यक्तिगत रहस्यों से अवगत होता है।

- एक बेईमान, चालाक और दुष्ट व्यक्ति का दोस्त होने से अच्छा दोस्त का न होना है; क्योंकि ऐसा दोस्त आपको कभी भी नुकसान पहुँचा सकता है।

भविष्य

- मनुष्य को धार्मिक कार्य करके आशीर्वाद प्राप्त करने का सौभाग्य मिलता है। इसलिए अच्छे कर्म करें और आशीर्वाद प्राप्त करते रहें। इससे इस दुनिया में और दूसरी दुनिया में आपका अच्छा भविष्य सुनिश्चित होगा।

गायत्री मंत्र

- समस्त मंत्रों में गायत्री मंत्र (पवित्र श्लोक) सर्वोच्च पाठ है, जो मनुष्य की सभी इच्छाओं को पूरा करता है। जीवन में सभी बाधाओं को समाप्त करने के लिए प्रतिदिन इसका पाठ करें।

सज्जन पुरुष

- वह व्यक्ति, जो उपलब्ध साधनों से संतुष्ट रहता है और नियमित रूप से खुद को भगवान् की पूजा में अर्पित करता है, एक सज्जन पुरुष होता है। इसके विपरीत, एक लालची व असंतुष्ट और नास्तिक व्यक्ति बुरा होता है।

~ ❖ ~

- जो व्यक्ति दूसरी स्त्रियों को माता के रूप में मानता है, दूसरों की संपत्ति को मिट्टी के रूप में देखता है और सभी के साथ बराबरी का व्यवहार करता है, वह एक संत-सज्जन होता है, अर्थात् जिस मनुष्य के पास महान् चरित्र, सहिष्णुता, संतुष्टि, उदारता और करुणा है, वह एक सच्चा सत्पुरुष है।

~ ❖ ~

- सज्जन पुरुष अच्छे गुणों से युक्त होता है। उसके पास धर्म में विश्वास, मीठा स्वभाव, दान करने की इच्छा, भद्रता, गुरुओं के प्रति सम्मान, परिपक्वता, विनम्रता, उदारता, शास्त्रों का ज्ञान, अच्छी पसंद और सुखद प्रकृति जैसे गुण होते हैं। इसके विपरीत, जिसके पास ये गुण नहीं होते, वह एक बुरा व्यक्ति होता है।

~ ❖ ~

- एक संत या सज्जन की प्रकृति अजीब होती है। जबकि अधिकांश लोग धन प्राप्त करने के लिए कई पापी कृत्य करते हैं। एक सज्जन के लिए धन घास के तिनके की तरह होता है। उसकी आँखों में धन का कोई मूल्य नहीं होता। वह बेहद अमीर हो सकता है, फिर भी वह कोई अहंकार नहीं दिखाता, न ही कोई पाप करता है। उसकी विनम्रता में कोई बदलाव नहीं आता। शारीरिक खुशी या स्थिति में परिवर्तन से उसका व्यवहार प्रभावित नहीं होता।

~ ❖ ~

- दूर-दराज के स्थान से आनेवाले मेहमान, एक थका हुआ यात्री और एक शरणार्थी देवताओं के समान होते हैं। इसलिए मनुष्य को पहले उन्हें पेट भर भोजन कराना चाहिए और फिर खुद खाना चाहिए।

ईश्वर

- केवल ईश्वर ही शक्तिशाली, अत्यंत दयालु, तीनों लोकों के स्वामी और सर्वव्यापी हैं।

महानता

- एक तपस्वी की महान्ता क्षमा करने की उसकी क्षमता में निहित होती है।

~ ❖ ~

- एक महान् व्यक्ति के पास दान, विनम्र भाषण, धर्म में विश्वास और विद्वानों का स्वागत करने के चार गुण होते हैं। वह दान करने के लिए हमेशा तैयार रहता है। उसका भाषण हर समय मीठा होता है। उसका मनोविज्ञान पूरी तरह से भगवान् के प्रति समर्पित होता है और वह हमेशा विद्वानों का सम्मान करता है।

~ ❖ ~

- जिस प्रकार किसी इमारत के शीर्ष पर बैठा कौआ चील नहीं बन जाता, उसी प्रकार उच्च स्थान पर कब्जा करनेवाला व्यक्ति अपने पद के आधार पर महान् नहीं बनता। महानता के लिए व्यक्ति के पास अच्छे गुण होने चाहिए और उसे पुण्यात्मा होना चाहिए। भले ही किसी व्यक्ति ने निम्न जाति में जन्म लिया हो, लेकिन वह अपने गुणों के आधार पर महान् बन सकता है।

लालच

- किसी ऐसे व्यक्ति से सच्चे आचरण की अपेक्षा न करें, जिसे धन का लालच हो। धन कमाने के लिए वह किसी भी तरह का झूठ बोलने का सहारा लेगा।

~ ❖ ~

- यदि कोई व्यक्ति लालची है तो उसे अपने दुश्मनों के बारे में चिंता करने की जरूरत नहीं है; क्योंकि लालच उसका सबसे बड़ा दुश्मन है, जो उसे बरबादी की ओर ले जाएगा।

साज-सँवार

- गन्ना, तिलहन, एक कर्मचारी, स्त्री, सोना, पृथ्वी, चंदन, दही और पान के पत्ते जितने अधिक दबाव के अधीन रहते हैं, उतने ही अधिक गुण विकसित करते हैं।

अतिथि

- अतिथि केवल तभी महत्त्वपूर्ण होता है, जब उसका प्रवास छोटा हो। अगर वह अपने प्रवास को निर्लज्जता से बढ़ाता रहता है तो परिणाम अशिष्टता की ओर ले जाता है।

~❖~

- जिस प्रकार वेश्या गरीब व्यक्ति को छोड़ देती है, प्रजा पराजित राजा को छोड़ देती है और पक्षी मृत (सूखे) पेड़ को छोड़ देते हैं, वैसे ही एक अतिथि को परोसा गया भोजन ग्रहण करने और उसकी प्रशंसा करने के बाद शीघ्र ही चले जाना चाहिए।

गुरु

- गुरु वह होता है, जो दिव्य ज्ञान का प्रचार करता है और समाज को सही दिशा देता है। ऐसे गुरु का हमेशा सम्मान करना चाहिए।

~❖~

- एक व्यक्ति, जो अपने गुरु को त्याग देता है, उस अनैतिक स्त्री के समान होता है, जो समाज में अपमानित होती है।

- एक ऐसा व्यक्ति, जो अपने गुरु के आश्रम को छोड़ देता है और ज्ञान प्राप्त करने के लिए चारों ओर घूमता है, चाहे वह कहीं से भी ज्ञान प्राप्त कर ले, विद्वानों की सभा में हँसी का पात्र बन जाता है। ऐसा व्यक्ति ज्ञानी होने के बावजूद समाज में सम्मानित नहीं होता।

खुशी

- वह व्यक्ति, जिसका पुत्र आज्ञाकारी है, जिसकी पत्नी पतिव्रता है, जो शिष्ट व सभ्य है और अपनी मेहनत की कमाई से पूरी तरह से संतुष्ट है, वह अपने जीवनकाल में ही स्वर्ग के आनंद का अनुभव करता है।

- वह व्यक्ति सुखी है, अगर उसके और उसके परिवार के सदस्यों के मन खुशी से भरे हुए हैं।

- जहाँ चारों ओर खुशी और सुख है, पत्नी अच्छे व मीठे स्वभाव की और पतिव्रता है, बच्चे बुद्धिमान और अच्छी तरह से शिक्षित हैं; पर्याप्त धन उपलब्ध है, नौकर आज्ञाकारी व वफादार हैं; जहाँ मेहमानों का उचित स्वागत होता है और उनका ध्यान रखा जाता है, भगवान् की पूजा

की जाती है और संतों का स्वागत होता है, ऐसा घर खुशी से भरा होता है।

~ ❖ ~

- एक पवित्र और पतिव्रता पत्नी का होना, अच्छे गुणोंवाले पुत्र एवं दामाद का होना और आवश्यकताओं को पूरा करने के लिए पर्याप्त धन होना—ये तीन महत्त्वपूर्ण विशेषताएँ हैं, जो एक खुशहाल जीवन जीने के लिए व्यक्ति के पास होनी चाहिए।

कड़ी मेहनत

- कड़ी मेहनत की शक्ति असीमित होती है। इसकी ताकत असंभव को भी संभव बना सकती है। इसलिए मनुष्य को कड़ी मेहनत से बचना नहीं चाहिए; बल्कि उसे सभी संभव प्रयास करने चाहिए और अथक मेहनत से अपना जीवन खुशहाल बनाना चाहिए।

असहायता

- असहायता मनुष्य और उसके चरित्र को भटकने से रोकती है।

~ ❖ ~

- शक्ति की कमी व्यक्ति को ब्रह्मचारी बनने पर मजबूर करती है; धन की कमी संत बनने के लिए विवश कर देती है; स्वास्थ्य की कमी से व्यक्ति ईश्वर की पूजा करना शुरू कर देता है; यौवन की कमी से स्त्री अपने पति के प्रति वफादार बन जाती है।

घर

- वह घर एक श्मशान की तरह होता है, जहाँ ब्राह्मणों का सम्मान नहीं किया जाता, जिसके निवासी दान देने से बचते हैं, जहाँ वेदों का अध्ययन और शिक्षा का अभ्यास नहीं किया जाता, जहाँ यज्ञ नहीं होते। ऐसा निवास अज्ञानता, गरीबी, बीमारी, दुःख और कठिनाइयों से भरा होता है। ऐसे घर में रहनेवाले लोग जीवित लाश की तरह होते हैं।

अज्ञानता

- मूर्ख और अज्ञानी लोगों का दूसरों द्वारा मजाक उड़ाया जाता है। विद्वान् लोगों के बीच वे हंसों के बीच एक कौए की तरह होते हैं।

~ ❖ ~

- एक अज्ञानी व्यक्ति न तो अपने विचार व्यक्त करने में सक्षम होता है और न ही वह दूसरों से ज्ञान के विचारों को ग्रहण कर सकता है।

बुद्धिमानी

- एक बुद्धिमान व्यक्ति प्रभावी रूप से अपनी शक्ति का उपयोग कर सकता है। उसके पास शक्ति कम हो सकती है, लेकिन वह उसका इस्तेमाल सही तरीके से कर सकता है।

~ ❖ ~

- मजबूत होने के बजाय बुद्धिमान होना अधिक महत्त्वपूर्ण है।

~ ❖ ~

- एक मूर्ख के पास अत्यधिक शक्ति हो सकती है, लेकिन वह व्यर्थ होती है; क्योंकि बुद्धि की अनुपस्थिति में वह कभी भी उसका प्रभावी ढंग से उपयोग नहीं कर पाएगा।

दयालुता

- यदि कोई व्यक्ति दूसरों के प्रति दयालु है तो उसे ज्ञान अर्जित करने और मोक्ष प्राप्त करने के लिए एक वैरागी या साधु का रूप लेने की आवश्यकता नहीं है। सैकड़ों वर्षों की आत्म–तपस्या के बावजूद तपस्वियों के लिए यह सत्य दुर्लभ रहता है कि मानव जाति के प्रति दयालु रहकर ज्ञान और मोक्ष आसानी से प्राप्त किया जा सकता है।

ज्ञान

- यह दुनिया अथाह ज्ञान से भरी है। मानव आत्मा सैकड़ों जन्म लेने के बाद भी यह समस्त ज्ञान प्राप्त नहीं कर सकती है; लेकिन जिस प्रकार हंस दूध–पानी के मिश्रण में से केवल दूध पी लेता है और पानी छोड़ देता है, उसी प्रकार एक व्यक्ति को इन असंख्य ग्रंथों और अन्य शास्त्रों में से आवश्यक तत्त्व निकाल लेने चाहिए।

भाषा

- मुझे संस्कृत भाषा पर अधिकार प्राप्त है, फिर भी मैं दुनिया

की अन्य श्रेष्ठ भाषाओं को सीखना चाहता हूँ, क्योंकि इससे मुझे दुनिया में सम्मान मिलेगा।

सीखने

- जैसे चंदन का पेड़ जहरीले साँपों के उस पर विश्राम करने के बावजूद जहरीला नहीं होता और फूल, जो मिट्टी में उगता है, लेकिन उसकी गंध नहीं लेता, वैसे ही दुष्ट लोगों की संगति में भी एक सज्जन पुरुष अपने धर्म और अच्छे गुणों को नहीं छोड़ता।

~ ❖ ~

- मनुष्य को जहाँ से भी संभव हो, ज्ञान प्राप्त करना चाहिए।

जीवन

- धर्म (धर्म या कर्तव्य), अर्थ (धन), काम (आनंद या यौन-क्रिया) और मोक्ष (मुक्ति) को जीवन के चार महत्त्वपूर्ण स्तंभ कहा जाता है।

~ ❖ ~

- आयु, कर्म, धन, शिक्षा और मृत्यु भगवान् द्वारा निश्चित व नियंत्रित किए जाते हैं। इन्हें कोई भी नहीं बदल सकता; फिर भी मनुष्य को प्रयास करते रहना चाहिए।

~ ❖ ~

- दुःखों और पापों के साथ एक लंबा जीवन बहुत पीड़ादायी होता है। इस तरह के जीवन का कोई अर्थ नहीं होता। इसके विपरीत, यदि किसी व्यक्ति का जीवन अच्छे कर्मों से भरा

होता है तो लंबा होने के बावजूद वह आनंद देता है। मनुष्य की उम्र चाहे जो भी हो, उसे अच्छे कर्म करते रहना चाहिए। उसका कल्याण उन्हीं कर्मों पर निर्भर करता है।

~ ❖ ~

- धन, संपत्ति, मित्रता, सुख और शक्ति बार-बार प्राप्त की जा सकती है; लेकिन मानव रूप केवल एक बार प्राप्त होता है। एक बार यह समाप्त हो जाता है तो इसे फिर से प्राप्त करना असंभव होता है। इसलिए मनुष्य को अच्छे कर्म करने चाहिए और योग्य कारणों के लिए उसका इस्तेमाल करना चाहिए। केवल उन लोगों का जीवन, जो प्रतिदिन अच्छे कर्म करते हैं, ही सफल होता है।

~ ❖ ~

- व्यक्ति को विदेशी में परिस्थिति और अपनी आय के अनुसार खुद को अनुकूलित करना चाहिए। उस भौंरे की तरह, जो आमतौर पर लिली के पत्तों में रहता है और जिसे उसके पराग के रस में डूबने की आदत होती है; लेकिन एक विदेशी जगह में उसे काँटेदार झाड़ी के गंधहीन व स्वादहीन रस से संतुष्ट होना पड़ता है। इसी तरह, एक विदेशी स्थान पर मनुष्य को उपलब्ध भोजन से संतुष्ट होना चाहिए। इससे उस स्थान के अनुसार स्वयं को अनुकूल रूप से बदलने में उसे मदद मिलेगी।

~ ❖ ~

- आत्मा को कई जन्मों की कठिनाइयों से गुजरने के बाद ही मानव रूप में जन्म लेने का सौभाग्य प्राप्त होता है।

इसलिए, इसे भौतिक सुखों में बरबाद करने के बजाय इसका उपयोग मोक्ष प्राप्त करने के लिए किया जाना चाहिए।

~ ❖ ~

- एक व्यक्ति, जिसने पर्याप्त धन अर्जित नहीं किया है, जो इस सांसारिक बंधन से खुद को मुक्त करने के लिए भगवान् की पूजा नहीं करता है, जिसने कभी मैथुन नहीं किया है, न तो इस लोक में कोई लाभ उठाता है और न ही अपने दूसरे लोक को सुधारता है।

प्रेम

- दूसरों के लिए प्रेम ही सच्चा प्रेम है।

विवाह

- विवाह ऐसी स्त्री से करें, जो शिष्ट व अच्छे स्वभाव की हो और एक संस्कारी परिवार से हो। इससे आपके वैवाहिक जीवन का आनंद बढ़ जाएगा।

ध्यान

- कोई भी व्यक्ति, जो अपने दंभ को त्याग देता है और अपने मन में ईश्वर की पूजा करने के जुनून को विकसित करता है, उसका ध्यान चाहे जहाँ भी भटके, वह ध्यान कर सकता है। यदि वह शरीर और आत्मा के बीच सच्चे रिश्ते को समझने में सक्षम है तो वह जहाँ भी रहे, वहाँ ध्यान कर सकता है।

मन

- मन सभी बंधनों और दुःखों का मूल कारण है।

- वह मस्तिष्क ही है, जो एक व्यक्ति को यौन आनंद की भावना की ओर धकेलता है और उसे पापों की ओर ले जाता है।

- मन के सम्मोहन के अधीन व्यक्ति खुद को जीवन-मृत्यु के चक्र से मुक्त नहीं कर सकता है। इसलिए एक व्यक्ति को मन की सभी कमजोरियों को नियंत्रित करना चाहिए और उन्हें अपने काबू में रखना चाहिए। केवल तभी उसके लिए दूसरे लोक में अपना जीवन सुधारना संभव होगा।

उपहास

- एक व्यक्ति को कभी असहाय और पीड़ित व्यक्ति का उपहास नहीं उड़ाना चाहिए, क्योंकि कल वह स्वयं को भी ऐसी ही स्थिति में पा सकता है।

माँ

- मनुष्य की पाँच माँएँ होती हैं—राजा की पत्नी, गुरु की पत्नी, मित्र की पत्नी, पत्नी की माँ और उसकी अपनी माँ। उसे इन सभी का सम्मान करना चाहिए। कोई भी, जो उनके प्रति गलत इरादा रखता है या उनका अनादर करता है, नरक में जाकर पीड़ित होता है।

वृद्धावस्था

- लंबी अवधि के लिए विचारों में खोए हुए घूमना, घोड़ों को उनके धारकों से बाँधे रखना, महिलाओं को यौन सुख से वंचित रखना और लंबे समय तक धूप में कपड़े सुखाना वृद्धावस्था के आगमन के संकेत हैं। इसलिए इनसे बचे रहें।

ओम

- 'ओम' के पवित्र मंत्र का उच्चारण करके कोई व्यक्ति आसानी से दिव्य ज्ञान प्राप्त कर सकता है।

अवसर

- बुद्धिमान लोगों को केवल उचित समय पर उस समय के लिए उपयुक्त कार्यों को करना चाहिए। इसके विपरीत, जो लोग समय की परवाह किए बिना कार्य करते हैं, वे असफल हो जाते हैं।

दिखावा

- हाथों की शोभा आभूषण पहनने से नहीं, बल्कि दान देने से बढ़ती है; शरीर चंदन का उबटन लगाने से नहीं, बल्कि स्नान करने से साफ होता है; मानसिक संतुष्टि भोजन में नहीं, बल्कि सम्मान में है और मोक्ष सिंदूर लगाने या भगवा वस्त्र पहनने से नहीं, बल्कि ज्ञान से प्राप्त होता है। इसी प्रकार, मस्तिष्क सतही दिखावे से या यौन-क्रीड़ा में लिप्त होने से नहीं, बल्कि शुद्ध होकर शांति प्राप्त करता है।

- आंतरिक संतुष्टि दूसरों की मदद करने से, दयालु होने से, पुण्यात्मा होने से और दान देने से मिलती है, दिखावा करने से नहीं।

अतीत

- अतीत या बीता हुआ समय कभी लौटकर नहीं आता। जो घटनाएँ घटित हो चुकी हैं, वे बदली नहीं जा सकतीं। इसलिए उन्हें लेकर बार-बार रोने से कोई लाभ नहीं होता।

व्यक्तित्व

- किसी व्यक्ति का व्यवहार और उसकी विचार-प्रक्रिया उसके परिवार की ओर इंगित करती है। उसकी भाषा से हम उसकी मातृभूमि के बारे में जान सकते हैं, उसके व्यवहार से स्नेह व सम्मान के प्रति उसके दृष्टिकोण के बारे में और उसके शरीर से उसके भोजन के बारे में जान सकते हैं।

~ ❖ ~

- किसी व्यक्ति के व्यक्तित्व को देखकर बुद्धिमान व्यक्ति उसके अच्छे और बुरे गुणों का आकलन कर सकता है।

परीक्षा

- नौकरों की परीक्षा उनकी जिम्मेदारियों की पूर्ति से ली जाती है, दोस्तों की परीक्षा संकट के समय में होती है, दुःख या लाइलाज बीमारी के समय संबंधों की परीक्षा होती है और

जब आपके पास धन नहीं होता, तब एक स्त्री की परीक्षा होती है।

स्थान

- ऐसा स्थान, जहाँ व्यक्ति के पास सम्मान, आय का स्रोत, अच्छा सोचनेवाले उपयुक्त मित्र और संबंधी तथा सीखने की सुविधाएँ नहीं होतीं, बिल्कुल अनुपयुक्त होता है। ऐसे स्थान को बिना देर किए छोड़ देना चाहिए।

~ ❖ ~

- ऐसा स्थान, जहाँ पाँच मूलभूत सुविधाओं का अभाव है, यानी धार्मिक समारोह संपन्न करने के लिए ब्राह्मणों का, एक न्यायपूर्ण राजा का, समृद्ध व्यापारियों का, बहती नदियों का और उचित चिकित्सा सुविधाओं का, वह एक बुद्धिमान व्यक्ति के लिए पूरी तरह से अनुपयुक्त है। उसे तुरंत छोड़ दिया जाना चाहिए।

~ ❖ ~

- ऐसा स्थान, जहाँ लोगों को इस लोक या दूसरे लोक में विश्वास नहीं है, जहाँ लोग ईश्वर के अस्तित्व में विश्वास नहीं करते, जहाँ लोग दूसरों के कल्याण या दान में विश्वास नहीं करते, एक बुद्धिमान व्यक्ति को वहाँ बसने के बारे में कभी नहीं सोचना चाहिए।

~ ❖ ~

- ऐसा राज्य जहाँ पाप और पापियों की भरमार होती है, वहाँ रहने के बजाय किसी एकांत स्थान में रहना बेहतर है।

~ ❖ ~

- एक ऐसे राज्य में, जहाँ का राजा दुष्ट, अधर्मी और पापी होता है, लोग कभी शांति से नहीं रह सकते। लोगों को केवल एक ऐसे राज्य में रहने का चयन करना चाहिए, जहाँ का राजा धर्मपरायण एवं न्यायपरायण हो।

योजना

- वे लोग, जो अपने नियोजित व व्यवहार्य कार्यों से भटक जाते हैं और अनियोजित एवं अविश्वसनीय कार्यों में कूद जाते हैं, कभी सफल नहीं होते। इसलिए उन्हें केवल उन कार्यों को करने का प्रयास करना चाहिए, जिन्हें पूरा करने के प्रति वे आश्वस्त होते हैं।

~ ❖ ~

- किसी वांछित काम की योजना बनाने या उसे कार्यान्वित करने के दौरान यदि आप इसका खुलासा कर देते हैं तो उसका सफलता से पूरा होना संदिग्ध हो जाता है। इसलिए सफलतापूर्वक पूरा होने तक किसी के सामने उसका खुलासा न करें।

जहर

- वृद्ध व्यक्ति के लिए युवा पत्नी जहर की तरह होती है।

~ ❖ ~

- क्योंकि बैठकों और संगोष्ठियों में एक गरीब व्यक्ति का हमेशा अपमान होता है, इसलिए उसके लिए ऐसे स्थान जहर की तरह होते हैं।

गरीबी

- गरीब व्यक्ति को धैर्यवान् होना चाहिए। इससे उसे अपने सीमित संसाधनों के भीतर अपनी गरीबी की कठिनाइयों को सहन करने में मदद मिलेगी। अगर वह अपने साधारण कपड़े साफ व स्वच्छ रखता है तो वह अपनी उपस्थिति में सुधार करने में सक्षम होगा। अगर वह अपना साधारण भोजन गरम करके खाएगा तो उसे वह स्वादिष्ट लगेगा।

- धन के बिना कोई व्यक्ति गरीब नहीं होता, लेकिन ज्ञान और शिक्षा के बिना वह वास्तव में गरीब है।

- एक अमीर मूर्ख खुद के लिए सम्मान नहीं कमा सकता है; हालाँकि, एक गरीब विद्वान् समाज में एक सम्मानजनक स्थान प्राप्त कर सकता है।

- गरीब हो जाने पर व्यक्ति का अकसर मजाक उड़ाया जा सकता है। ऐसी स्थिति बेहद तनावपूर्ण होती है और मानसिक तनाव पैदा कर सकती है। गरीब व्यक्ति का समर्थन करने के लिए कोई तैयार नहीं होता।

- अगर कोई अमीर व्यक्ति गरीब हो जाता है तो उसके निकट के लोग और प्रियजन भी उसे अकेला छोड़ देते हैं। उसकी पत्नी, पुत्र, दोस्त, रिश्तेदार और अन्य लोग उसे एक-एक करके छोड़ देते हैं।

शक्ति

- लोग किसी-न-किसी शक्ति के माध्यम से अपना अस्तित्व व्यक्त करते हैं। एक ब्राह्मण (विद्वान्) अपने ज्ञान की गहराई के माध्यम से अपना अस्तित्व व्यक्त करता है; एक राजा अपनी सेना की शक्ति के माध्यम से, एक व्यापारी अपने धन की आभा के माध्यम से और एक नौकर अपने सेवा-भाव से अपने अस्तित्व को व्यक्त करता है। बिना किसी शक्ति के व्यक्ति पूरी तरह बेकार होता है।

अभ्यास

- अभ्यास के बिना विद्वान् भी पांडुलिपियों को सही ढंग से नहीं पढ़ सकते हैं और उनका मजाक बनाया जा सकता है। उनके लिए यह अपमान मृत्यु से अधिक पीड़ादायी होगा। इसलिए ऐसे विद्वान् के लिए, जो नियमित रूप से अभ्यास नहीं करता है, पाठ जहर की तरह होता है।

~ ❖ ~

- आलस्य एवं अनियमित अभ्यास विद्वानों की बुद्धि को भ्रष्ट करता है और उनके ज्ञान को खंडित करता है।

~ ❖ ~

- ज्ञान को केवल निरंतर अभ्यास के माध्यम से बनाए रखा जा सकता है।

प्रशंसा

- पूरी दुनिया द्वारा प्रशंसित व्यक्ति वास्तव में सम्मान का हकदार होता है।

वर्तमान

- मनुष्य को केवल वर्तमान पर ध्यान केंद्रित करना चाहिए। अगर वह अपने वर्तमान को सुधार लेता है तो उसका भविष्य अपने आप उज्ज्वल हो जाएगा।

व्यवसाय

- व्यापार, शिक्षण, भोजनालय और धन उधार देने का कार्य करनेवाले एक संकोची पेशेवर को निश्चित रूप से कई समस्याओं और कठिनाइयों का सामना करना पड़ेगा।

~ ❖ ~

- व्यक्ति अपनी कड़ी मेहनत से जो कुछ भी कमाता है, उसे उससे संतुष्ट होना चाहिए।

शुद्धता

- धरती की गहराई में संगृहीत पानी, एक पतिनिष्ठ स्त्री, कल्याण-उन्मुख राजा और एक संतुष्ट ब्राह्मण—ये चार सबसे शुद्ध होते हैं।

~ ❖ ~

- यदि किसी व्यक्ति का मन पापों व अशुद्धियों से भरा होता है तो पवित्र स्थानों में कई डुबकियाँ लेना भी उसकी आत्मा को शुद्ध नहीं कर सकता।

गुणवत्ता

- जिस प्रकार एक जलता हुआ पेड़ पूरे जंगल को जला

सकता है, उसी प्रकार एक कुलीन परिवार में पैदा हुआ एक अनैतिक पुत्र अपने कृत्यों से उसे अपमानित कर सकता है।

- इस दुनिया में ऐसा कोई भी नहीं है, जिसके परिवार या वंशावली में कोई कमी या दोष न हो।

- किसी भी चीज या कार्य की अधिकता हानिकारक होती है।

- एक बुद्धिमान, चतुर, दीप्तिवान् और मजबूत व्यक्ति कठिन-से-कठिन समस्याओं को दूर कर सकता है। श्रेष्ठता आकार में नहीं, बल्कि इन चार गुणों में अंतर्निहित है।

- जंगल में केवल वही पेड़ काटे जाते हैं, जो सीधे बढ़ते हैं और कोई भी उन पेड़ों की परवाह नहीं करता, जो आड़े-टेढ़े बढ़ते हैं। इसलिए किसी व्यक्ति को इतना सीधा नहीं होना चाहिए कि लोग आसानी से उसका लाभ उठा सकें।

- शांति से ज्यादा बड़ी कोई भक्ति नहीं है, संतुष्टि से ज्यादा बड़ी कोई खुशी नहीं है और लालच से ज्यादा बड़ी कोई बीमारी नहीं है।

- महान्ता प्राप्त करने के लिए ऊँची जाति में जन्म लेना ही पर्याप्त नहीं होता है। उसके लिए मनुष्य का सहिष्णु, धैर्यवान्, विद्वान् और कल्याणकारी होना आवश्यक है।

~ ❖ ~

- परोपकार गरीबी कम करने का एक प्रभावी माध्यम है। विनम्रता गिरावट एवं कठिनाइयों को समाप्त करती है, ज्ञान मूर्खता व अज्ञानता को समाप्त करता है, जबकि सौजन्य भय को नष्ट कर देता है। इसलिए शांतिपूर्वक रहने के लिए व्यक्ति को इन सभी चार गुणों को विकसित और ग्रहण करना चाहिए।

~ ❖ ~

- एक गुणवान् पुत्र अपने ज्ञान, विवेक और शिक्षा से समाज में परिवार के लिए गौरव का स्थान अर्जित करता है।

~ ❖ ~

- लालच और निहित स्वार्थ रखनेवाले लोग अपने जीवन काल के दौरान सच्ची खुशी का अनुभव कभी नहीं करते। वे हमेशा मानसिक तनाव में और परेशान रहते हैं।

~ ❖ ~

- ऐसा व्यक्ति, जो मांस खाता है और शराब पीता है, वह मूर्ख या अशिक्षित होता है। वह एक पशु की तरह व्यवहार करता है। दुःख को छोड़कर समाज और देश में उसका कोई योगदान नहीं होता। आप उससे कल्याण या सज्जन व्यवहार की उम्मीद नहीं कर सकते हैं। वह

धरती पर बोझ की तरह होता है। उसका जीवन एक प्रकार से व्यर्थ होता है।

- ईश्वर ने प्रत्येक जीवित प्राणी को कोई-न-कोई गुण या विशेषता निश्चित रूप से प्रदान की है। इसलिए किसी मूर्ख व्यक्ति या निम्न जाति के पशु के गुणों को भी बिना किसी हिचकिचाहट या शर्मिंदगी के स्वीकार किया जाना चाहिए।

- एक व्यभिचारी स्त्री अपने बच्चों की शत्रु होती है।

- एक मेहनती पिता, एक धार्मिक माता, एक पतिव्रता पत्नी और एक बुद्धिमान पुत्र—ये सभी मनुष्य के सच्चे शुभचिंतक होते हैं। वास्तव में, उनका समर्थन उसे धर्म के पथ पर ले जाता है।

- शक्तिशाली, सक्षम और साहसी लोगों के लिए कोई काम बहुत कठिन या असंभव नहीं होता है।

- मीठा बोलनेवाला व्यक्ति दुश्मन को भी दोस्त के रूप में परिवर्तित कर सकता है।

- एक बेवकूफ, गरीब और गरीबी से पीड़ित व्यक्ति के इरादे

स्वार्थी होते हैं। इसलिए वह प्यार, स्नेह या सहानुभूति की भावनाएँ नहीं रखता है। इसलिए वह एकांत में रहता है, क्योंकि हर कोई उससे दूर रहता है।

- एक व्यक्ति को शेर और सारस से एक-एक, गधे से तीन, मुर्गे से चार, कौए से पाँच और कुत्ते से छह विशेषताओं को ग्रहण करना चाहिए।

- शेर को ईमानदारी और साहस की एक महत्त्वपूर्ण गुणवत्ता उपहार में मिली है, जिसे मनुष्य को ग्रहण करना चाहिए। अगर व्यक्ति ने किसी काम की जिम्मेदारी ली है तो उसे काम ईमानदारी और साहस से पूरा करना चाहिए। हालाँकि, जिम्मेदारी लेने से पहले उसे अपनी ताकत और कमजोरियों के बारे में आत्मनिरीक्षण करना चाहिए।

- सारस में धैर्यपूर्ण एकाग्रता का गुण होता है। एक सारस अपने शिकार पर धैर्यपूर्वक अपना ध्यान केंद्रित करता है और अपने मन से अन्य सभी विचारों को निकाल देता है। इसी प्रकार, एक बुद्धिमान और समझदार व्यक्ति को अपनी सभी इंद्रियों पर नियंत्रण रखना चाहिए, धैर्यपूर्वक ध्यान केंद्रित करना चाहिए और अपना काम पूरा करना चाहिए।

- मूर्खता के प्रतीक गधे के पास भी तीन गुण होते हैं। अथक

रूप से परिश्रम करना, गरम या ठंडे मौसम से परेशान नहीं होना, धैर्यवान् और संतुष्ट होना—इन गुणों की उपस्थिति मनुष्य के जीवन को सार्थक बना सकती है।

- एक बुद्धिमान और समझदार व्यक्ति को मुर्गे से चार गुण ग्रहण करने चाहिए—एक निश्चित समय पर उठना, लड़ने के लिए हमेशा तैयार रहना, मित्रों के साथ उचित रूप से साझा करना और अपनी मुर्गी को यौन संतुष्टि देना। जैसे मुर्गा जल्दी उठता है और अपने कामों में लग जाता है, वैसे ही मनुष्य को भी जल्दी उठना चाहिए और ईमानदारी से अपने काम करने चाहिए।

- कौए को उपहार में पाँच विशेषताएँ मिली हैं—एकांत में संभोग करना, दुष्ट और जिद्दी होना, संचित करने की प्रकृति होना, कभी आलस नहीं करना और कभी किसी पर भरोसा न करना। ये सभी गुण मनुष्य को आत्मसात् करने चाहिए।

- अधिक भूख लगना, विपत्ति में कम में संतुष्ट होना, गहरी नींद आना, सोने के दौरान भी सतर्क रहना, वफादारी और साहस के साथ दुश्मन का सामना करना—कुत्ते के पास ये छह गुण होते हैं। ये छह गुण मनुष्य के लिए श्रेष्ठ हैं।

- वह व्यक्ति, जो प्रकृति से लालची होता है, अकेले आकर्षण

द्वारा नियंत्रित किया जा सकता है। एक कठोर और घमंडी व्यक्ति को विनम्रता से नियंत्रित किया जा सकता है। यदि किसी मूर्ख और बुद्धिहीन व्यक्ति की इच्छा पूरी हो जाती है तो उसे आसानी से नियंत्रित किया जा सकता है। एक बुद्धिमान व्यक्ति को ढालने के लिए उसे तथ्यों से अवगत कराना चाहिए।

~ ❖ ~

- वासना मनुष्य की सबसे शक्तिशाली दुश्मन है। यह ऐसी लाइलाज बीमारी है, जिसके प्रभाव में व्यक्ति अपना ज्ञान खो देता है, जबकि उसका स्वास्थ्य तेजी से खराब होने लगता है।

~ ❖ ~

- ऐसे धर्म को कभी स्वीकार न करें, जो करुणा से दूर हो; ऐसे व्यक्ति को गुरु के रूप में स्वीकार न करें, जो विद्वान् न हो; ऐसी स्त्री को पत्नी के रूप में कभी स्वीकार न करें, जिसे बहुत क्रोध आता हो। इसी प्रकार, उन बच्चों से कभी भी अधिक की आशा न करें, जिनमें स्नेह की कमी हो और उन लोगों को कभी भी प्रिय और भरोसेमंद न मानें, जो दोस्ती को महत्त्व न देते हों।

~ ❖ ~

- सोने की शुद्धता का परीक्षण करने के लिए उसे उच्च तापमान पर गरम किया जाता है; उसे चमक देने के लिए उसे पटका जाता है, हथौड़े से मारा जाता है और काटा जाता है। इसी प्रकार, एक ईमानदार व्यक्ति की शुद्धता

का परीक्षण उसके दान-पुण्य, अच्छे कर्मों, गुण, बलिदान और अच्छे आचरण से किया जाता है। जिस व्यक्ति के पास ये सब गुण होते हैं, वह सोने की तरह चमकता है।

~ ❖ ~

- वह व्यक्ति, जो अपने अधिकारों की माँग करता रहता है, लालची होता है। वह व्यक्ति, जो सौंदर्य और बाहरी दृष्टिकोण को महत्त्व देता है, वासनापूर्ण होता है। मूर्ख लोग प्रकृति से मृदुभाषी नहीं होते हैं। इसके विपरीत, एक स्पष्ट बोलनेवाले और सच्चे व्यक्ति में धूर्तता, छल एवं शठता लेशमात्र भी नहीं होती।

~ ❖ ~

- कभी-कभी केवल एक अच्छा गुण कई दुर्गुणों पर भारी पड़ता है।

संबंध

- स्नेह और आकर्षण के संबंध केवल आपके स्तर के व्यक्ति के साथ उपयुक्त होते हैं।

~ ❖ ~

- मनुष्यों के संबंध वास्तव में उनके समर्थक होते हैं। अगर वह उन्हें त्याग देता है और दूसरों की ओर भागता है तो वह बहुत जल्द बरबाद हो जाता है।

धर्म

- धन, यौवन और जीवन एक-एक करके नष्ट हो सकते

हैं, जबकि धर्म अविनाशी, अमर और शाश्वत है। इसे कोई भी नष्ट नहीं कर सकता है।

~❖~

- धर्म का अभ्यास मनुष्य के सभी दु:खों को दूर कर देता है—इस लोक में भी और दूसरे लोक में भी।

~❖~

- एक व्यक्ति किसी भी सामग्री से बनी मूर्तियों के सामने प्रार्थना कर सकता है; लेकिन उसके मन में सच्चा समर्पण और सम्मान होना अधिक आवश्यक है। वास्तव में, केवल इस विश्वास के कारण ही ईश्वर उसके हृदय में रहता है और वह निर्जीव वस्तुओं में ईश्वर की उपस्थिति महसूस करता है और मोक्ष प्राप्त करता है।

~❖~

- यदि एक व्यक्ति सभी धार्मिक कार्य स्वयं अपने हाथों से करता है तो वह ईश्वर को प्रसन्न करने के लाभ अर्जित कर सकता है। धार्मिक गतिविधियाँ, जैसे फूलों की माला बनाना और उसे स्वयं मूर्ति को पहनाना, अपने हाथों से चंदन घिसकर मूर्ति को तिलक लगाना, ईश्वर की और दूसरों की प्रशंसा में स्वयं लिखे हुए भजन व श्लोक सुनाना उसे दिव्य कृपा प्राप्त करने में मदद करती हैं। इसके विपरीत, यदि वह ये सारे धार्मिक कार्य एक नौकर से करवाता है तो लाभ नौकर को प्राप्त होगा। इसलिए एक व्यक्ति को सभी धार्मिक कार्य स्वयं करने चाहिए।

~❖~

- समृद्ध होने के बावजूद यदि कोई व्यक्ति अपना धर्म छोड़

देता है और दूसरे धर्म की ओर आकर्षित होता है तो वह बरबाद हो जाता है। इसलिए मनुष्य को अपने धर्म के प्रति कभी उदासीन नहीं होना चाहिए।

~ ❖ ~

- एक ऐसा धर्म, जो पाप, झूठ और अपमानजनक कृत्यों से बचाता है, वही सच्चा धर्म है।

~ ❖ ~

- व्यक्ति को इस दुनिया में सभी सांसारिक सुखों का आनंद लेना चाहिए; लेकिन उसे साथ ही, धार्मिक गतिविधियाँ करके दूसरे लोक में अपना जीवन सुधारने के लिए प्रयास भी करने चाहिए।

~ ❖ ~

- हर वह व्यक्ति, जो धार्मिक गतिविधियों में हिस्सा लेता है और अपने कर्तव्यों का पालन करता है, सच्चा मनुष्य कहलाने का अधिकारी होता है।

प्रतिष्ठा

- यदि कोई दुष्ट व्यक्ति भिखारी को खदेड़कर भगा देता है तो भिखारी को कोई फर्क नहीं पड़ता, जो किसी और घर में जाकर भिक्षा ले लेता है; लेकिन वह व्यक्ति हमेशा के लिए अपनी प्रतिष्ठा खो देता है।

पुरस्कार

- किसी भूखे व्यक्ति को भोजन कराना और प्यासे व्यक्ति

को पानी देना सबसे पवित्र रूप से पुरस्कृत कर्म हैं।

शासक

- प्रजा किन कठिनाइयों का सामना कर रही है, यह जानना एक राजा का कर्तव्य है; उसके अधिकारी लोगों के साथ कैसा व्यवहार करते हैं और उनके कल्याण के लिए क्या कदम उठा रहे हैं, यह राजा को ज्ञात होना चाहिए। इसलिए, सीधी जानकारी प्राप्त करने के लिए उसे गुप्त यात्राएँ करनी चाहिए।

- राजा को अपनी प्रजा द्वारा किए गए पापों का फल भुगतना पड़ता है।

- अपने राज्य में सभी प्रकार के पापों को खत्म करना राजा का कर्तव्य है। उसे अपने क्षेत्र में मध्यस्थता और बुराई फैलाने की अनुमति नहीं देनी चाहिए। इससे सुनिश्चित होगा कि उसके राज्य के लोग निडरतापूर्ण जीवन जीते हैं और राजा को इसका फल प्राप्त होगा।

- एक राजा और एक सज्जन पुरुष को अपनी संपत्ति इकट्ठा करने के बजाय उसका उपयोग जन-कल्याण और दान के लिए करना चाहिए।

- यदि एक राजा धार्मिक और प्रतिभाशाली होगा तो उसकी

प्रजा भी धार्मिक और प्रतिभाशाली होगी। यदि वह पापी होगा तो उसकी प्रजा भी तद्नुसार व्यवहार करेगी, क्योंकि प्रजा राजा का अनुसरण करती है।

त्याग

- यदि आप एक परिवार को छोड़कर या उसका त्याग करके अपने गाँव या समाज की सुरक्षा कर सकते हैं तो ऐसा करना पूरी तरह से उपयुक्त है।

मुक्ति

- यदि कोई व्यक्ति जीवन-मृत्यु के चक्र से मुक्त होकर मोक्ष प्राप्त करना चाहता है तो उसे काम, क्रोध, लालच, आकर्षण और अहंकार जैसी विकृतियों को पूरी तरह त्यागना होगा। ये विकृतियाँ किसी भी व्यक्ति के लिए जहर के समान होती हैं।

~ ❖ ~

- ईश्वर आत्मा को मानव शरीर केवल उसकी मुक्ति के लिए प्रदान करता है; लेकिन मनुष्य काम, क्रोध, लोभ, लत, लगाव जैसी कमजोरियों की ओर आकर्षित हो जाता है और अपने लक्ष्य से भटक जाता है।

~ ❖ ~

- मनुष्य को क्षमा, सादगी, धैर्य, विनम्रता, ईमानदारी, उदारता, कल्याण, दया, सत्य, प्रेम और शुद्धता जैसे गुणों को आत्मसात् करना चाहिए। ये उसे सभी पापपूर्ण कृत्यों से मुक्त होने और मोक्ष प्राप्त करने में सक्षम बनाते हैं।

बचत

- कठिन समय या संकट के समय के लिए धन की बचत करनेवाला व्यक्ति एक बुद्धिमान व्यक्ति होता है। ऐसी बचत की सुरक्षा के लिए सभी प्रयास किए जाने चाहिए।

~ ❖ ~

- एक स्त्री आपकी संपत्ति की तरह होती है, इसलिए उसकी भी सुरक्षा की जानी चाहिए; लेकिन इससे पहले व्यक्ति को अपनी सुरक्षा सुनिश्चित करनी चाहिए; क्योंकि यदि वह स्वयं सुरक्षित होगा, तभी अपनी संपत्ति और स्त्री को सुरक्षित रखने में सक्षम होगा।

~ ❖ ~

- लोगों को संकट के समय के लिए धन बचाकर रखना चाहिए, लेकिन उन्हें यह कभी नहीं सोचना चाहिए कि वे केवल अपनी संपत्ति के बल पर संकट को दूर कर पाएँगे। धन की देवी लक्ष्मी चंचल होती हैं और किसी एक स्थान पर स्थिर नहीं रहतीं, हालाँकि धन का संचय बुद्धिमानी का संकेत है, लेकिन इसका अर्थ यह नहीं है कि अकेले इसके दम पर संकट को टाला जा सकता है।

विद्वान्

- एक (ब्राह्मण) विद्वान् को दिन में केवल एक बार भोजन ग्रहण करना चाहिए और उससे संतुष्ट रहना चाहिए। उसके दिन का अधिकांश समय यज्ञ और वेदों के अध्ययन में व्यतीत होना चाहिए।

~ ❖ ~

- एक विद्वान् को अपराधों को नियंत्रित करने में सक्षम होना चाहिए और उचित समय पर संभोग करना चाहिए—केवल संतान-प्राप्ति के उद्देश्य से।

~❖~

- अगर किसी बुद्धिमान व्यक्ति को थोड़ा ज्ञान प्राप्त होता है तो वह उसे आगे बढ़ाने में सक्षम होता है।

~❖~

- यदि हीरे को पैरों से बाँध दिया जाए और काँच को सिर पर सजा दिया जाए तो भी हीरे का मूल्य कम नहीं होगा। इसी प्रकार, एक विद्वान् को नीचे आसन पर और मूर्ख को ऊँचे आसन पर बैठाने से विद्वान् के स्तर में कमी नहीं आएगी।

गोपनीयता

- एक बुद्धिमान व्यक्ति को कभी दूसरों के साथ एक अमोघ औषधि के अपने ज्ञान, अपने धार्मिक रीति-रिवाजों, अपनी घरेलू समस्याओं, किसी स्त्री के साथ अपने यौन संबंधों, खराब भोजन और अभद्र चर्चाओं के बारे में बात नहीं करनी चाहिए। उसे ये बातें स्वयं तक ही रखनी चाहिए। यदि वह दूसरों के साथ ऐसी बातों पर चर्चा करता है तो उसका विद्वान् होना अर्थहीन है।

स्वार्थ

- स्वार्थी और पाप करनेवाला व्यक्ति एक अंधे जैसा होता है। वह दूसरों को चोट पहुँचाने और अपने स्वार्थपूर्ण हितों

को पूरा करने से पहले दो बार नहीं सोचता। उसके लिए बुराई और अच्छे कर्मों के बीच कोई अंतर नहीं है। उसके लिए, उसके निहित हितों की तुलना में, बाकी सभी चीजें व्यर्थ हैं।

~ ❖ ~

- जब तक तालाब में पानी रहता है, हंस वहीं रहते हैं और उसके किनारे पर अपने घोंसले बनाते हैं; लेकिन जब तालाब सूख जाता है तो वे सभी लगाव खत्म कर देते हैं और उड़ जाते हैं। एक स्वार्थी व्यक्ति इसी तरह का व्यवहार करता है। जब तक उसके निहित स्वार्थ पूरे नहीं होते, वह अपने प्रदाता के साथ रहता है तथा अपने स्नेह की वर्षा करता है और जब उसका मतलब पूरा हो जाता है, वह अपने प्रदाता को छोड़ देता है।

कामुकता

- एक यौन मन-भावित व्यक्ति शुद्धता के अर्थ और महत्त्व से अनजान होता है। ऐसा व्यक्ति केवल बेवफाई को बढ़ावा देता है।

दिखावे की कला

- शक्ति और प्रभाव का प्रदर्शन एक साँप की तरह होता है। लोग एक फुफकारते हुए साँप से डरते हैं, भले ही वह जहरीला न हो। इसी तरह जिस व्यक्ति का कोई प्रभाव न हो, उसे दिखावे के द्वारा समाज में प्रभाव पैदा करना चाहिए।

नींद

- एक साँप, एक राजा, एक शेर, एक जंगली सूअर, एक बालक, एक मूर्ख, एक मधुमक्खी और एक आवारा कुत्ते को नींद से कभी नहीं जगाना, अन्यथा आपको बड़ी कठिनाइयों का सामना करना पड़ सकता है। ये प्राणी सोते हुए ही बेहतर हैं।

समाज

- वेदों ने लोगों के चार वर्गों को निर्दिष्ट किया है। उन्हें उनके वंश या जाति के बजाय उनके पेशे के आधार पर वर्गीकृत किया गया है। वैश्य (व्यापारी) वह व्यक्ति होता है, जो परंपरागत गतिविधियों, जैसे कि पशुपालन, खेती और व्यापार में लगा होता है। यदि ब्राह्मण परिवार में उत्पन्न कोई एक व्यक्ति ये कार्य करता है तो उसे भी वैश्य माना जाना चाहिए।

~ ❖ ~

- लाख, तेल, नील, रँगाई, रंग, शहद, शराब और मांस के कारोबार में लगे व्यक्ति को शूद्र (एक निम्न जाति) कहा जाता है। यदि एक ब्राह्मण, क्षत्रिय या वैश्य के रूप में पैदा हुआ व्यक्ति ये काम करता है तो उसे भी शूद्र माना जाना चाहिए।

~ ❖ ~

- वह व्यक्ति, जो दूसरों के अच्छे कर्मों में बाधा उत्पन्न करता है, जो दूसरों को धोखा देने के लिए गुमराह करता

है और जिसके अत्याचार लोगों को पीड़ित करते हैं, ऐसे क्रूर व्यक्ति को ब्राह्मण होने के बावजूद पशु कहा जाता है।

~❖~

- ऐसा व्यक्ति बर्बर कहलाता है, जो कुओं, उद्यानों और मंदिरों को हानि पहुँचाने में उत्साहित महसूस करता है। एक विद्वान्, जो समाज-कल्याण के प्रति निर्लिप्त रहता है और जो अपनी सामाजिक जिम्मेदारियों को निभाने से बचता है, वह पतित होता है।

~❖~

- एक ऐसा व्यक्ति, जो संतों की संपत्ति चुराता है, जो एक व्युत्पन्न व्यभिचारी है और जिसे भोजन के लिए भीख माँगने में कोई हिचकिचाहट नहीं होती, वह ब्राह्मण हो सकता है; लेकिन उसे एक जल्लाद माना जाता है।

दुःख

- मनुष्य के जीवन में कुछ दुःख ऐसे होते हैं, जिन्हें भूलना असंभव होता है। अपनी पत्नी को खोना, किसी निकट के व्यक्ति या प्रियजन द्वारा अपमान, ऋण का बोझ, दुष्ट मालिक की सेवा करना और मूर्खों के साथ गरीबी का जीवन जीना—ये कठिनाइयाँ बीमारी का कारण बनती हैं और मनुष्य को मृत्यु की ओर धकेल देती हैं।

~❖~

- खुशी या दुःख और उतार-चढ़ाव प्रत्येक व्यक्ति के जीवन

में आते-जाते रहते हैं। इसलिए व्यक्ति को असहाय महसूस नहीं करना चाहिए, बल्कि साहस के साथ कठिनाइयों का सामना करना चाहिए।

~❖~

- एक व्यक्ति को अपनी संपत्ति के नुकसान का दुःख, एक दुष्ट पत्नी के होने का दुःख या किसी के द्वारा अपमानित किए जाने की बात किसी के सामने प्रकट नहीं करनी चाहिए।

~❖~

- एक बुरे या बदनाम स्थान में रहना, अज्ञात पृष्ठभूमि के लोगों की सेवा करना, बुरा भोजन खाना, छोटी-छोटी बातों पर क्रोधित होनेवाली पत्नी, मूर्ख पुत्र या विधवा पुत्री का होना—ये छह कारण मन में असह्य पीड़ा उत्पन्न करते हैं।

स्थिति

- यदि विष में से अमृत निकालना संभव होता तो बिना किसी हिचकिचाहट के उसका उपभोग करना उचित होता। इसी प्रकार, आपको अशुद्ध धातुओं से निकाले गए सोने को और एक आम आदमी एवं निम्न जाति की सभ्य महिला से मिली सीखों को बिना देर किए स्वीकार करना चाहिए।

शक्ति

- ध्यान, प्रार्थना और पाठ याद करने का काम अकेले में किया जाना चाहिए। अधिक व्यक्तियों की भागीदारी केवल बाधाएँ उत्पनन करेगी। इसके विपरीत, अध्ययन

दो लोग साथ करें तो बेहतर होता है; दो से अधिक लोगों के होने पर निरर्थक बातें होने लगती हैं। गायन के लिए तीन व्यक्ति पर्याप्त हैं, जबकि यात्रा के लिए चार व्यक्ति उपयुक्त हैं, खेती के लिए पाँच व्यक्तियों की आवश्यकता होती है और युद्ध के लिए बड़ी-से-बड़ी संख्या में लोगों की आवश्यकता होती है।

~ ❖ ~

- एक राजा की ताकत उसकी सेना में होती है, जिनसे वह अपने दुश्मन को नष्ट करता है।

~ ❖ ~

- एक ब्राह्मण की शक्ति शास्त्रों के उसके ज्ञान में अंतर्निहित होती है, जिसके माध्यम से वह महान्तम विद्वान् को भी पराजित कर सकता है।

~ ❖ ~

- एक स्त्री की ताकत उसके सौंदर्य, यौवन और मीठी बातों में निहित होती है। वह कोमल हो सकती है, फिर भी इनके माध्यम से वह किसी को भी झुकाने की शक्ति रखती है।

छात्र

- एक छात्र, जो आकर्षण/धन और जीवन के सुखों से जुड़ा होते हुए ज्ञान प्राप्त करना चाहता है, वह कभी भी अपने उद्देश्य में सफल नहीं हो सकता है।

अध्ययन

- एक व्यक्ति, जो वेदों जैसे धार्मिक ग्रंथों का अध्ययन

करने के बाद भी आवश्यक तत्त्वों से अनजान रहता है, उसे आत्मा एवं ईश्वर का ज्ञान नहीं होता और वह अपने आध्यात्मिक ज्ञान से वंचित रहता है। वह एक कलछुल की तरह होता है, जो रसदार सब्जी को हिलाता है, लेकिन उसके स्वाद और उपयोगिता से अनजान रहता है। ऐसा अध्ययन अर्थहीन होता है।

सफलता

- एक व्यक्ति को किसी कार्य में सफलता नहीं मिल सकती, अगर वह उसमें विश्वास नहीं करता। वह एक ऐसे कार्य में ही सफल हो सकता है, जो मानसिक समर्पण और बलिदान के साथ किया जाता है।

~ ❖ ~

- पूर्ण भागीदारी के बिना आप किसी भी कार्य में सफलता प्राप्त नहीं कर सकते।

प्रतिभा

- सोने में जड़े जाने पर एक गहना अधिक आकर्षक हो जाता है। अगर उसे लोहे में जड़ा जाएगा तो वह अपनी चमक और भव्यता खो देगा। इसी प्रकार, एक विद्वान् को खुद के लिए उपयुक्त स्थान की तलाश करनी चाहिए।

~ ❖ ~

- यदि एक बुद्धिमान व्यक्ति प्रतिभाशाली भी है तो यह एक बेहतरीन संगम है।

~ ❖ ~

- न केवल समाज, बल्कि अपने परिवार के कल्याण के लिए अपनी प्रतिभा का प्रयोग करें।

~ ❖ ~

- जब एक प्रतिभाशाली व्यक्ति को अपना सही स्थान मिल जाता है तो उसकी प्रतिभा समाज द्वारा अनुमोदित की जाती है।

शिक्षक

- अकेले गुरु के ही आशीर्वाद से कोई व्यक्ति स्नेह और धन के क्षेत्र से मुक्त हो जाता है और ईश्वर के साथ आमना-सामना करने में सक्षम हो जाता है।

~ ❖ ~

- वास्तव में, गुरु भगवान् और भक्त के बीच एक पुल की तरह कार्य करता है।

समय

- जीवन का हर एक पल, घंटा और दिन महत्त्वपूर्ण है। इसलिए मनुष्य को उनका सोद्देश्य इस्तेमाल करना चाहिए।

~ ❖ ~

- समय सबसे शक्तिशाली होता है। वह इतना शक्तिशाली है कि पलक झपकते ही इस (ब्रह्मांड) में कुछ भी नष्ट कर सकता है। यहाँ तक कि जब सार्वभौमिक विनाश इसे पानी के नीचे गायब कर देता है, तब भी समय टिक-टिक

करता रहता है। समय का चक्र निरंतर गति में रहता है।

जैसे को तैसा

- यदि कोई व्यक्ति आपके साथ एक सज्जन की तरह व्यवहार करता है तो आपको भी उसके साथ वैसा ही व्यवहार करना चाहिए। हालाँकि, अगर कोई व्यक्ति आपको नुकसान पहुँचाने का इरादा रखता है तो उसे वैसा ही जवाब मिलना चाहिए।

यात्रा

- यदि एक ब्राह्मण यात्रा करता रहता है तो उसे कभी अनुयायियों की कमी नहीं होती। साथ ही समाज में दिन-पर-दिन उसकी स्थिति ऊँची होती जाती है। संतों और तपस्वियों को यात्राएँ करने से जनता के बीच अपना ज्ञान व अनुभव फैलाने में मदद मिलती है।

~❖~

- जरूरतमंद और संसाधनहीन स्त्रियाँ बुरी संगति में पड़कर अपना चरित्र व सम्मान खो सकती हैं। इसलिए उन्हें अनावश्यक यात्राओं से बचना चाहिए।

आभूषण

- हीरा, मोती, पन्ना, सोना और इनके जैसी अन्य वस्तुएँ पत्थर के टुकड़ों की तरह होती हैं। पृथ्वी पर मौजूद सभी आभूषणों में से सबसे मूल्यवान् पानी, भोजन और मधुर वाणी हैं।

सत्य

- यह दुनिया अकेले सच्चाई के बल पर टिकी हुई है। सच्चाई की चमक आकाश में सूर्य के रूप में प्रकाशित होती है।

एकता

- जिस प्रकार लकड़बग्घों का एक समूह शेर से लड़ सकता है, पुआल के गट्ठर से बनी छत पानी को रोक देती है, उसी प्रकार यदि कई कमजोर लोग एकजुट हो जाएँ तो वे सर्वाधिक शक्तिशाली व्यक्ति का भी सामना कर सकते हैं।

वैदिक शिक्षा

- वैदिक ज्ञान एक व्यक्ति के पाप से भरे मन को धार्मिकता की ओर झुका सकता है। इसके प्रभाव से एक साधारण व्यक्ति भी श्रेष्ठता प्राप्त कर सकता है। वैदिक ज्ञान की शक्ति संतों को दुनिया का कल्याण करने और मृत्यु के बाद स्वर्ग तक पहुँचने में सक्षम बनाती है।

~ ❖ ~

- यदि पुरुषों के लिए पवित्र ग्रंथों का अध्ययन संभव नहीं है तो उन्हें इसके पाठ को सुनना चाहिए। यह उन्हें वैदिक ज्ञान को अधिक गहराई से समझने में सक्षम बनाएगा।

~ ❖ ~

- वेद और अन्य पवित्र ग्रंथ बुद्धिमान व ज्ञानी लोगों द्वारा बुद्धिमान व ज्ञानी लोगों के लिए बनाए गए थे। वे केवल

उन लोगों के लिए लाभप्रद हैं, जिनके पास सोचने और समझने की क्षमता है। मूर्ख उनसे लाभ नहीं उठा सकते।

गुण

- यदि उच्च वर्ग में पैदा हुआ एक गुणवान् व्यक्ति गरीब हो जाता है तो भी उसकी विनम्रता, नम्रता और नैतिकता गायब नहीं होती है। वह संकट के समय भी उत्तम व्यवहार करता है।

धन

- अत्यधिक धन न केवल मनुष्य के दिमाग को भ्रष्ट करता है, बल्कि उसे लालची और स्वार्थी भी बनाता है।

- अगर किसी के पास ज्ञान या बुद्धिमत्ता की कमी है, लेकिन असीमित धन है तो उसे समाज में सम्मान मिलता है। इसके विपरीत, एक गरीब किंतु ज्ञानी, बुद्धिमान और समझदार व्यक्ति को नीची नजरों से देखा जाता है।

- तालाब का स्थिर पानी यदि नियमित अंतराल पर नहीं बदला जाता तो वह सड़ जाता है और बेकार हो जाता है। उसकी उपयोगिता को बनाए रखने के लिए उसे लगातार बहते रहना चाहिए। इसी प्रकार, एकत्रित धन दान द्वारा प्रसारित किया जाना चाहिए। इससे व्यक्ति न केवल इस दुनिया में सम्मान अर्जित करता है, बल्कि दूसरी दुनिया में

प्रसन्नता सुनिश्चित करने के लिए भी दरवाजे खोल देता है।

- यदि व्यक्ति के पास बुढ़ापे में धन होगा तो उसे भोजन के लिए दूसरों पर निर्भर नहीं होना पड़ेगा। इसलिए इस दयनीय स्थिति को टालने के लिए व्यक्ति को बुढ़ापे के लिए धन बचाकर रखना चाहिए।

- यदि धन केवल संचित होता है और उसका उपयोग नहीं किया जाता तो वह अपना महत्त्व खो देता है।

- धन की शक्ति इतनी बड़ी होती है कि अपरिचित व्यक्ति भी संबंध बना लेते हैं; जबकि गरीबी संबंधों को दूर कर देती है। धन की कमी आपको संकट में अकेला छोड़ देती है। वह केवल धन ही है, जो मनुष्य को समाज में सर्वोच्च सम्मान दिलाता है।

- यदि कोई व्यक्ति धनवान् बन जाता है तो अजनबी भी परिचित बनने की कोशिश करेंगे; उसकी पत्नी, पुत्र, दोस्त और रिश्तेदार भी स्नेह व्यक्त करेंगे और आत्मीयता दिखाएँगे।

- पाप और कदाचार द्वारा अर्जित धन अधिक-से-अधिक

दस वर्षों तक टिकता है। ग्यारहवें वर्ष में व्यक्ति इस संपत्ति को ब्याज सहित खो देता है। इसके विपरीत, कड़ी मेहनत और ईमानदारी के माध्यम से अर्जित धन आजीवन व्यक्ति के पास रहता है और बढ़ता भी रहता है।

~ ❖ ~

- धन का नशा इतना शक्तिशाली होता है कि इसे प्राप्त करने पर कोई समझदार और विद्वान् व्यक्ति भी घमंडी हो जाता है। इसका लालच व्यक्ति को बार-बार कठिनाइयों में डाल देता है।

~ ❖ ~

- पापपूर्ण कृत्यों से या दूसरों को परेशान करके प्राप्त किया हुआ धन शापित हो जाता है और मनुष्य को बरबाद कर देता है। ऐसा धन सज्जन लोगों को भी पाप के मार्ग पर ले जाता है। एक व्यक्ति को इस तरह के धन से बचना चाहिए, अन्यथा वह निकट भविष्य में ही अपने परिवार सहित नष्ट हो जाएगा।

~ ❖ ~

- धन केवल तभी महत्त्वपूर्ण और उपयोगी होता है, यदि वह केवल एक व्यक्ति की नहीं, बल्कि संपूर्ण समाज की सेवा करता है। एक व्यक्ति के उपयोग के लिए एकत्रित धन एक कुलीन परिवार की गुणवती स्त्री की तरह होता है, जो केवल उसे प्रसन्न करता है, और किसी को नहीं। इसलिए उसके होने या न होने से समाज को कोई फर्क नहीं पड़ता है।

कल्याण

- मनुष्य का कल्याण दूसरों की मदद करने में निहित है। जिस मनुष्य का हृदय उदारता से भरा होता है, वह कभी संकट का सामना नहीं करता।

मरजी

- एक राजा, एक वेश्या, यम (मृत्यु का देवता), आग, एक तस्कर, एक बच्चा, एक भिखारी और गाँव का उपद्रव-निर्माता—ये आठ दूसरों के दुःख और परेशानी को नहीं समझते हैं। ये अपनी मरजी के अनुसार काम करते हैं। इसलिए लोगों को उनसे किसी प्रकार की दयालुता की उम्मीद नहीं करनी चाहिए।

पत्नी

- एक स्त्री, जो अपने पति को खुशी प्रदान करती है, उसे वास्तव में पत्नी कहा जा सकता है।

~ ❖ ~

- एक स्त्री, जो पवित्र, चतुर और बुद्धिमान है; जो बुद्धिमानी से समर्पित है; जो केवल अपने पति से प्यार करती है; जो हमेशा सच बोलती है और झूठ से बचती है, केवल वही स्त्री घर के लिए योग्य और उपयुक्त है।

~ ❖ ~

- बुढ़ापे में पत्नी एक सच्ची साथी होती है और उसकी अनुपस्थिति एक पुरुष को पूरी तरह असहाय बना देती है।

~ ❖ ~

- किसी व्यक्ति की पत्नी चाहे कुरूप हो या सुंदर, बुरी हो या सुशील, मूर्ख हो या बुद्धिमान, उस व्यक्ति को उसे अकेला नहीं छोड़ना चाहिए। यदि वह उससे संतुष्ट होगा तो हमेशा के लिए मानसिक तनाव से मुक्त रहेगा।

- एक पतिव्रता स्त्री के जैसा दीप्तिमान और कोई नहीं होता।

- एक उच्च परिवार की निर्लज्ज स्त्री बुरी संगति में पड़कर स्वयं को और अपने परिवार को नष्ट कर देती है।

- स्त्री की निकटता कई त्रुटियों को जन्म देती है, जबकि अलगाव उसके भटकने का कारण बन सकता है। इस स्थिति से बचने के लिए एक पुरुष को बीच का रास्ता लेना चाहिए। पुरुष को न तो उसके बहुत निकट रहना चाहिए और न ही बहुत दूर।

- एक पतिव्रता स्त्री, जो लगातार अपने पति की सेवा करने के लिए समर्पित रहती है, उसे दान करने, उपवास करने, पवित्र मंदिरों की यात्रा करने या पवित्र नदियों में डुबकी लगाने की आवश्यकता नहीं है। वास्तव में, अपने पति की सेवा करने के लिए समर्पित होना ही उसे शुद्ध कर देता है।

ज्ञान

- धैर्यपूर्ण, परिपक्व और बुद्धिमान सज्जन प्रतिकूल

परिस्थितियों में भी अपना संयम बनाए रखते हैं और दृढ़ संकल्प के साथ अपनी कठिनाइयों को हल करने के तरीके खोजने का प्रयास करते हैं।

~ ❖ ~

- एक मूर्ख व्यक्ति दो पैरोंवाले जानवर की तरह होता है। वह न तो सही व गलत के बीच अंतर कर सकता है, न ही उसे कुछ भी सिखाया जा सकता है। इसलिए जल्द-से-जल्द ऐसे व्यक्ति का साथ छोड़ देना चाहिए।

~ ❖ ~

- यदि कोई मूर्ख व्यक्ति हीरे को सामान्य पत्थर मानता है तो इसके लिए हीरे को दोषी नहीं ठहराया जा सकता, क्योंकि वह तब भी हीरा ही रहेगा। एक क्रूर व्यक्ति किसी प्रतिभाशाली व्यक्ति की आलोचना करने और उसे अपमानित करने के लिए किसी भी हद तक जा सकता है; फिर भी उसके गुण वैसे ही बने रहते हैं, उनका महत्त्व कभी कम नहीं होता है।

~ ❖ ~

- यदि ज्ञान का उपयोग नहीं किया जाता तो वह भुला दिया जाता है; एक व्यक्ति की उपेक्षा उसे निष्क्रिय बनाती है; कमांडर के बिना सेना छितरा जाती है और पति के बिना पत्नी नष्ट हो जाती है।

~ ❖ ~

- एक सज्जन पुरुष दूसरों की भव्यता, समृद्धि, प्रगति और खुशी से कभी ईर्ष्या नहीं करता है; बल्कि वह अपने सीमित

साधनों से संतुष्ट रहता है।

~❖~

- बच्चे के जन्म के समय से ही ईश्वर उसके भोजन का खयाल रखता है। जो कुछ भी मिलना उसके भाग्य में लिखा है, वह उससे कोई नहीं छीन सकता। इसलिए भोजन जमा करने और धन इकट्ठा करने के बजाय धर्मनिष्ठ होने पर ध्यान केंद्रित करें।

~❖~

- अग्नि, गुरु, ब्राह्मण (विद्वान्), गाय, कन्या, वृद्ध और बच्चे का सम्मान व आदर किया जाना चाहिए। इसलिए उन्हें कभी अपने पैरों से नहीं छूना चाहिए।

~❖~

- एक विद्वान् कुछ कहे बिना ही दूसरों की आंतरिक सोच को देखने में सक्षम होता है। उसकी बुद्धि और ज्ञान के सामने कुछ भी गुप्त नहीं रहता।

~❖~

- फूलों में सुगंध होती है, बीज में तेल होता है, लकड़ी जलती है, दूध में घी होता है और गन्ना मीठा होता है; लेकिन ये सभी गुण दिखाई नहीं देते हैं। इसी प्रकार, पुरुषों के मामले में आत्मा शरीर में मौजूद होती है, लेकिन देखी नहीं जा सकती। हालाँकि, वह ज्ञान द्वारा महसूस की जा सकती है। इसलिए मनुष्य को उसे ज्ञान से प्रबुद्ध करना चाहिए।

~❖~

- धार्मिक ग्रंथों में चार पराक्रम बताए गए हैं—धर्म (कर्तव्य), अर्थ (वित्त), काम (वासना) और मोक्ष (मुक्ति)। इनमें से वित्त और काम वासना को इस दुनिया के पराक्रम कहा जाता है, जबकि धर्म और मोक्ष को दूसरी दुनिया के लिए पराक्रम कहा जाता है। ये सभी चार पराक्रम मानव जीवन को उद्‌देश्य प्रदान करते हैं। इनके बिना जीवन बेकार है। इसलिए मनुष्य को कम-से-कम एक पराक्रम प्राप्त करने की कोशिश करनी चाहिए।

~ ❖ ~

- आग, पानी, महिला, मूर्ख, साँप और शाही परिवार—हालाँकि ये सभी एक व्यक्ति के लिए उपयोगी होते हैं, लेकिन यदि वह उनसे निपटने में लापरवाही बरतता है तो वे उनके लिए विनाशकारी हो सकते हैं। इसलिए इनके साथ व्यवहार में आवश्यक सावधानी बरतनी चाहिए।

~ ❖ ~

- जो व्यक्ति सही समय पर बोलता है, अपनी शक्ति के अनुसार वीरता दिखाता है और अपनी क्षमता के अनुसार क्रोध प्रदर्शित करता है, वह बुद्धिमान होता है। यदि कोई व्यक्ति चर्चा के विषय से पीछे हट जाता है, अपनी ताकत को नहीं जानता है और अनावश्यक रूप से क्रोधित हो जाता है, वह एक बुद्धिमान मूर्ख माना जाता है।

~ ❖ ~

- धर्म-औषधि, धन-धान्य और गुरु के आदेशों को ध्यान से सँभाला जाना चाहिए।

पूजा

- यदि कोई व्यक्ति ईश्वर के साथ स्नेही लगाव विकसित करता है तो वह हमेशा उसके निकट रहता है। इसलिए मनुष्य को पूजा के माध्यम से भगवान् के साथ स्नेह का बंधन बाँधना चाहिए।

यज्ञ

- यज्ञ करने के दौरान अन्न का दान किया जाना चाहिए, श्लोकों का पाठ निर्धारित प्रक्रिया के अनुसार किया जाना चाहिए और पुजारियों को उचित मानदेय दिया जाना चाहिए। यदि ऐसा नहीं होता है तो यज्ञ विनाश कर सकता है। इसलिए यज्ञ केवल तभी किया जाना चाहिए, जब सही प्रक्रियाओं के अनुसार उसे करने की क्षमता मौजूद हो।

□

चाणक्य के सक्सेस प्रिंसिपल

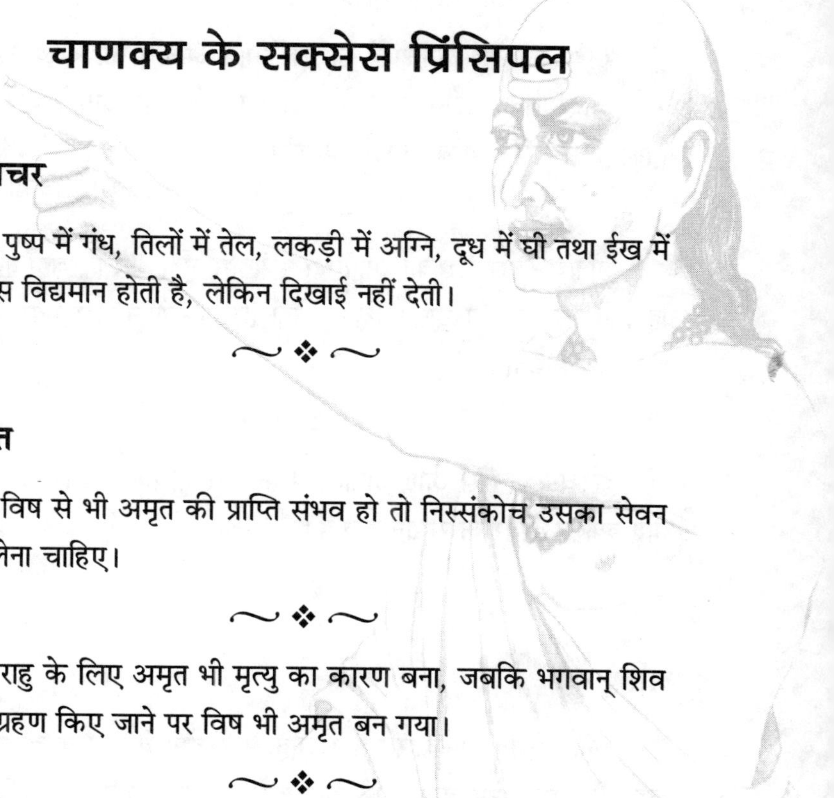

अगोचर

पुष्प में गंध, तिलों में तेल, लकड़ी में अग्नि, दूध में घी तथा ईख में मिठास विद्यमान होती है, लेकिन दिखाई नहीं देती।

~ ❖ ~

अमृत

विष से भी अमृत की प्राप्ति संभव हो तो निस्संकोच उसका सेवन कर लेना चाहिए।

~ ❖ ~

राहु के लिए अमृत भी मृत्यु का कारण बना, जबकि भगवान् शिव द्वारा ग्रहण किए जाने पर विष भी अमृत बन गया।

~ ❖ ~

अज्ञान

अज्ञान कष्ट-प्रदायक होता है तथा इसके कारण मनुष्य उपहास का पात्र बन जाता है।

अतिथि

अतिथि का महत्त्व क्षणिक विराम में ही निहित है। निस्संकोच या निर्लज्ज होकर एक ही स्थान पर निवास करते रहना अतिथि के लिए अशोभनीय है।

~ ❖ ~

मनुष्य का यह कर्तव्य है कि घर आए अतिथि को योग्य आसन देकर आदरपूर्वक बैठाए, उसकी कुशलता पूछे और अपनी कुशलता बताए, फिर उसे यथोचित भोजन कराए।

~ ❖ ~

अतिथि जिस घर का आतिथ्य स्वीकार नहीं करता, वहाँ भोजन ग्रहण नहीं करता, न दान-दक्षिणा लेता है, शास्त्रों ने उस गृहस्थ का जीवन व्यर्थ कहा है।

~ ❖ ~

दूरस्थ स्थान से आए अतिथि, थके-हारे पथिक तथा आश्रय हेतु आए व्यक्ति ईश्वर के समान होते हैं।

~ ❖ ~

अति

अति अत्यंत हानिकारक है। अति सुंदर होने के कारण ही रावण द्वारा सीता का हरण हुआ। अहंकार और गर्व की अति ही महाविद्वान् रावण की मृत्यु का कारण बनी। दैत्यराज बलि की अति दानशीलता ने ही उसे सबकुछ गँवाकर पाताल जाने के लिए विवश कर दिया।

~ ❖ ~

अति–भक्ति चोर का लक्षण है।

अति से सब जगह बचना चाहिए।

'अति' द्वारा मनुष्य का 'अंत' निश्चित है।

अन्न

अन्य जैसा स्वादिष्ट और रुचिकर भोज्य पदार्थ कोई दूसरा नहीं है।

अभाव

बीजों के अभाव या कमी के कारण फसल भरपूर नहीं होती।

सेनापति के अभाव में सेना युद्ध में विजयश्री कभी प्राप्त नहीं कर सकती।

अभ्यास

अभ्यास के बिना विद्वान् भी शास्त्रों का यथोचित वर्णन नहीं कर पाता और लोगों के बीच उपहास का पात्र बन जाता है।

जो विद्वान् निरंतर अभ्यास नहीं करता, उसके लिए शास्त्र भी विष के समान हो जाते हैं।

~ ❖ ~

आलस्य और अनभ्यास विद्वानों की बुद्धि को भी भ्रष्ट करके उनके ज्ञान का नाश कर देता है।

~ ❖ ~

केवल निरंतर अभ्यास द्वारा प्राप्त विद्या की रक्षा की जा सकती है।

~ ❖ ~

बूँद-बूँद से घड़ा भर जाता है, बूँद-बूँद के मिलने से नदी बन जाती है, पाई-पाई जोड़ने पर व्यक्ति धनवान बन जाता है। उसी प्रकार यदि निरंतर अभ्यास किया जाए तो मनुष्य के लिए कोई भी विद्या अप्राप्य नहीं रहती।

~ ❖ ~

अहंकार

मनुष्य को अपनी दानवीरता, तप, साहस, विज्ञान, विनम्रता और नीति-निपुणता पर कभी अहंकार नहीं करना चाहिए।

~ ❖ ~

जो मनुष्य अहंकार में डूब जाता है, वह अतिशीघ्र पापों में लिप्त होकर नष्ट हो जाता है।

~ ❖ ~

राजा और गुरु की निकटता से व्यक्ति अहंकारी होकर दोषयुक्त हो जाता है।

~ ❖ ~

आचरण

मनुष्य का आचरण ही लोगों को अपने समक्ष नतमस्तक करने के लिए पर्याप्त है। इससे शत्रुओं पर भी विजय पाई जा सकती है।

~ ❖ ~

गलत आचरण से सौंदर्य नष्ट हो जाता है।

~ ❖ ~

जिसके क्रोध से कोई भयभीत न हो और जिसके प्रसन्न होने से भी किसी को कोई लाभ नहीं होता, ऐसे मनुष्य का आचरण किसी को प्रभावित नहीं कर सकता।

~ ❖ ~

केवल आचरण ही मनुष्य को पशुओं से श्रेष्ठ सिद्ध करता है।

~ ❖ ~

राजा अधर्मयुक्त आचरण करके नष्ट हो जाता है।

~ ❖ ~

विवशता मनुष्य और उसके आचरण को पथभ्रष्ट होने से रोकती है।

~ ❖ ~

मनुष्य बिना अधिक परिश्रम किए केवल अच्छे आचरण और स्वभाव द्वारा ही विद्वान् व्यक्ति, सज्जन पुरुष और पिता को संतुष्ट कर सकता है।

~ ❖ ~

श्रेष्ठ आचरण एवं श्रेष्ठ गुणों के कारण साधारण मनुष्य श्रेष्ठता के

शिखर की ओर अग्रसर होता है।

आत्मबल

आत्मबल सभी बलों में सबसे श्रेष्ठ बल होता है।

आत्मा/जीवात्मा

मनुष्य-शरीर में आत्मा का वास होता है। उसे देखा नहीं जा सकता, लेकिन विवेक द्वारा अनुभव अवश्य किया जा सकता है।

मनुष्य को विवेक द्वारा आत्मा को जाग्रत् करना चाहिए।

यदि मनुष्य का मन पापों एवं अशुद्धियों से परिपूर्ण है तो अनेक तीर्थस्नान करने के बाद भी उसकी आत्मा शुद्ध नहीं हो सकती।

कौआ, कबूतर, चिड़िया, तोता—ये सभी विभिन्न जाति और वर्ण के पक्षी होते हुए भी रात्रि-समय एक ही वृक्ष पर विश्राम करते हैं, लेकिन प्रात: होते ही अपने-अपने मार्ग की ओर उड़ जाते हैं। जीवात्माएँ भी इसी प्रकार परिवाररूपी वृक्ष पर कुछ समय के लिए बसेरा करती हैं। तदनंतर नियत समय आने पर वृक्ष को छोड़कर उड़ जाती हैं। इसलिए उनके जाने पर दु:खी या शोकातुर नहीं होना चाहिए।

शरीर में स्थित आत्मा एक नदी है। यह नदी ईश्वर के शरीर से निकली है। धैर्य इसके किनारे हैं, करुणा इसकी लहरें हैं, पुण्य इसके तीर्थ हैं। जो मनुष्य सदा पुण्य कर्मों में लिप्त रहता है, वह इस नदी में स्नान करके पवित्र होता है।

~ ❖ ~

लोभरहित आत्मा को 'सदापवित्र' कहा गया है।

~ ❖ ~

अपमान

अपमान मृत्यु से भी अधिक पीड़ादायक और अहितकारी है।

~ ❖ ~

अपनी मर्यादा के विपरीत कर्म करके ये दो प्रकार के लोग संसार में अपमान के भागी बनते हैं—एक, कर्महीन गृहस्थ और दूसरे सांसारिक मोह-माया में फँसे संन्यासी।

~ ❖ ~

अग्नि, सर्प, सिंह तथा अपने कुल में जनमे व्यक्तियों का कभी अनादर नहीं करना चाहिए।

~ ❖ ~

अपमानित व्यक्ति क्षण-प्रतिक्षण अपमान का कड़वा घूँट पीता है, समाज उसे घृणा की दृष्टि से देखता है, सगे-संबंधी एवं मित्र आदि उसके साथ नीच व्यवहार करते हैं। यहाँ तक कि उसकी पत्नी एवं पुत्र आदि भी उससे कतराने लगते हैं।

~ ❖ ~

आडंबर

विषैला न होने पर भी जिस प्रकार सर्प के उठे हुए फन को देखकर लोग भयभीत हो जाते हैं, उसी प्रकार प्रभावहीन व्यक्ति को भी आडंबर द्वारा समाज में अपना प्रभाव बनाकर रखना चाहिए।

~ ❖ ~

आडंबरयुक्त प्रभाव से भी लोग भयभीत रहते हैं।

~ ❖ ~

आश्रय

उद्देश्य की प्राप्ति हेतु लिया गया आश्रय उद्देश्य के पूर्ण हो जाने के बाद अतिशीघ्र छोड़कर चले जाना चाहिए।

~ ❖ ~

किसी दूसरे पर आश्रित होकर जीना सबसे अधिक कष्टदायक होता है।

~ ❖ ~

इंद्रियाँ

इंद्रियों को अपने इच्छित कार्यों से सर्वथा दूर रखना तो मृत्यु को जीतने से भी कठिन है, लेकिन उन्हें बेलगाम छोड़ दिया जाए तो वे शीलवान देवगण को भी नष्ट कर देती हैं।

~ ❖ ~

इंद्रियों को वश में न रखने से हानि होती है।

~ ❖ ~

इंद्रियाँ यदि वश में न हों तो वे विषय-भोगों में लिप्त हो जाती हैं। उससे मनुष्य उसी प्रकार तुच्छ हो जाता है जैसे सूर्य के आगे सभी ग्रह।

जो व्यक्ति इंद्रियों को जीतने के बजाय स्वयं उनका गुलाम बन जाता है, उसकी मुसीबतें शुक्ल पक्ष के चंद्रमा की तरह बढ़ती जाती हैं।

जो राजा अपनी इंद्रियों और मन को जीते बिना अपने मंत्रियों को जीतना चाहता है तथा मंत्रियों को जीते बिना अपने शत्रुओं को जीतना चाहता है, उसका नष्ट होना अवश्यंभावी है।

इंद्रियों पर नियंत्रण करके मनुष्य जिन-जिन बुराइयों को छोड़ना चाहता है, वे छूटती जाती हैं और सारी बुराइयों से मुक्ति के बाद उसके कष्ट भी समाप्त हो जाते हैं।

जो पुरुष सबका भला चाहता है, वह किसी को कष्ट में नहीं देखना चाहता। जो सदा सच बोलता है, जो मन का कोमल है और जितेंद्रिय भी, उसे उत्तम पुरुष कहा जाता है।

ईश्वर-भक्ति

ईश्वर मनुष्य के हृदय में वास करता है और मनुष्य इन्हीं भावों द्वारा निर्जीव वस्तुओं में ईश्वर की कल्पना कर सिद्धियाँ प्राप्त करता है।

ईश्वर जिसकी रक्षा करना चाहते हैं, उसे बुद्धि दे देते हैं, डंडा लेकर उसके पीछे पहरा नहीं देते।

~ ❖ ~

लकड़ी, पत्थर, धातु आदि से निर्मित देव-प्रतिमाओं को साक्षात् देव मानकर पूजने पर ही ईश-कृपा प्राप्त होती है।

~ ❖ ~

ईश्वर बेजान वस्तुओं में नहीं, भावना में वास करते हैं।

~ ❖ ~

मनुष्य ईश्वर को प्रसन्न करके तभी उनसे वरदान प्राप्त कर सकता है, जब वह स्वयं अपने हाथों से उनकी सेवा करे।

~ ❖ ~

कलियुग में जब संपूर्ण पृथ्वी पापियों, अधर्मियों और अत्याचारियों से भर जाएगी, तब भगवान् पृथ्वी का त्याग कर देंगे।

~ ❖ ~

ईश्वर-भक्ति में डूबे रहनेवाले व्यक्ति पापरहित होते हैं।

~ ❖ ~

ईर्ष्या

ईर्ष्यालु लोगों को अपनी भलाई की बात भी कड़वी लगती है।

~ ❖ ~

उद्देश्य

जो मनुष्य उद्देश्यरहित होकर जीवन व्यतीत कर रहे हैं, उन्हें न तो

घर में शांति मिल सकती है और न ही वन में। ऐसे मनुष्यों का जीवन बोझ के समान है, जिनसे किसी को लाभ नहीं होता।

प्रत्येक कार्य बहुत सोच-विचार करके और उद्देश्य निश्चित करके करना चाहिए।

मनुष्य को चाहिए कि पहले कार्य का उद्देश्य तय करे, उसके परिणाम का आकलन करे, उससे अपनी उन्नति का विचार करे, फिर उसे आरंभ करे।

जीवन में उद्देश्य का होना अत्यंत आवश्यक है।

जो मनुष्य जीवन का उद्देश्य निर्धारित कर लेते हैं, उनके जीवन में कभी भटकाव नहीं आता।

औषधि

अपच की शिकायत में जल औषधि का कार्य करता है, अतः भरपूर जल का सेवन करें।

औषधियों में अमृत सबसे श्रेष्ठ है।

भलीभाँति उपयोग न किया जाए तो प्राण-प्रदायक औषधियाँ प्राणों का हरण भी कर लेती हैं।

~ ❖ ~

काम

काम मनुष्य का सबसे प्रबल शत्रु है।

~ ❖ ~

जो व्यक्ति काम के वशीभूत होकर नेत्रहीन हो जाता है, वह देखने की शक्ति गँवा बैठता है।

~ ❖ ~

काम, क्रोध और लोभ—आत्मा को भ्रष्ट कर देनेवाले नरक के तीन द्वार कहे गए हैं।

~ ❖ ~

वृद्धावस्था खूबसूरती को नष्ट कर देती है, निराशा धैर्य को, मृत्यु प्राणों को, निंदा धर्मपूर्ण व्यवहार को, क्रोध आर्थिक उन्नति को, दुर्जनों की सेवा सज्जनता को, काम-भाव लाज-शर्म को तथा अहंकार सबकुछ नष्ट कर देता है।

~ ❖ ~

काम और क्रोध मिलकर विवेकशील ज्ञान को नष्ट कर देते हैं।

~ ❖ ~

कामांध व्यक्ति पवित्रता के अर्थ और महत्त्व से अनभिज्ञ होता है।

~ ❖ ~

कर्तव्य

वह ज्ञान बेकार है, जिससे कर्तव्य का बोध न हो।

~ ❖ ~

वह कर्तव्य बेकार है, जिसकी कोई सार्थकता न हो।

~ ❖ ~

कर्म/कर्मफल

मनुष्य जीवन में वही कर्म करता और भोगता है, जो वह लिखवाकर लाया है।

~ ❖ ~

आय से अधिक व्यय करना, बिना बात के दूसरों से लड़ना-झगड़ना तथा व्यभिचार—ये तीन कर्म मनुष्य और उसके कुल को विनाश की ओर धकेलते हैं।

~ ❖ ~

उद्देश्यरहित दीर्घकालिक जीवन की अपेक्षा शुभ कर्मों से युक्त अल्पकालिक जीवन अधिक श्रेष्ठ है।

~ ❖ ~

जब तक पृथ्वी पर मनुष्य के सत्कर्मों का गुणगान होता है, तब तक वह स्वर्ग में भी पूजा जाता है।

~ ❖ ~

सत्कर्मों से युक्त अल्पकालिक जीवन भी परम सुखदायक होता है।

~ ❖ ~

प्रत्येक मनुष्य को अपने कर्मों का फल स्वयं ही भोगना पड़ता है।

~ ❖ ~

कर्म ही मनुष्य को माया के बंधनों में जकड़े रहते हैं।

~ ❖ ~

मनुष्य का कार्य केवल कर्म करना है, लेकिन कर्मों के अनुसार उसका फल ईश्वर ही प्रदान करता है।

~ ❖ ~

इच्छाओं का पूर्ण होना या न होना मनुष्य के भाग्य और कर्मों पर निर्भर करता है।

~ ❖ ~

मनुष्य जो कर्म करता है, उसका भाग्य उसी के अनुरूप उसे फल प्रदान करता है।

~ ❖ ~

काल/समय

संसार में केवल काल अर्थात् समय ही सबसे शक्तिशाली है।

~ ❖ ~

काल का चक्र निरंतर गतिशील रहता है। इसके समक्ष बड़े-से-बड़ा ज्ञानी, विद्वान् और पुण्यात्मा भी असहाय हो जाता है। वीर और निर्भय क्षत्रिय भी परास्त हो जाता है।

~ ❖ ~

मनुष्य-जीवन की चारों अवस्थाएँ काल के अनुरूप ही कार्य करती हैं।

~ ❖ ~

काल को जीतना असंभव है।

बीता हुआ समय लौटकर नहीं आता। उसमें घटित घटनाओं को बदला नहीं जा सकता। इसलिए उसे बार-बार याद करने से कोई लाभ नहीं होता।

भविष्य में क्या घटित होनेवाला है, मनुष्य इससे पूर्णतः अनभिज्ञ होता है। इसलिए उसका चिंतन व्यर्थ है।

मनुष्य को केवल अपने वर्तमान पर ध्यान केंद्रित करना चाहिए। यदि वह वर्तमान को सुधार लेगा तो उसका भविष्य अपने आप ही उज्ज्वल हो जाएगा।

विधि का विधान कोई बदल नहीं सकता।

समय को देखे बिना कार्य करनेवाले सदैव असफलता का मुख देखते हैं।

कुल

नीच कुल में जनमा विद्वान् एवं गुणों से युक्त व्यक्ति भी समाज में ऊँचा स्थान प्राप्त करता है।

कुल की शोभा सदाचार में निहित होती है।

व्यक्ति के आचरण पर ही कुल की श्रेष्ठता निर्भर करती है।

जो मनुष्य मान–मर्यादा का पालन करता है, धर्मनिष्ठ है, अपनी सज्जनता नहीं त्यागता, वह चाहे उत्तम कुल में पैदा हुआ हो या नीच कुल में, हजारों कुलीनों से श्रेष्ठ होता है।

पथभ्रष्ट होने से कुल कलंकित हो जाता है।

विद्वत्ता एवं गुणों के अभाव में उच्च कुल में जनमा व्यक्ति भी तिरस्कार का भागी बन जाता है।

महान् बनने के लिए मनुष्य का उच्च कुल में जन्म लेना ही पर्याप्त नहीं है। इसके लिए उसका सहनशील, संतोषी, विद्वान् एवं परोपकारी होना भी आवश्यक है।

कौआ

भवन की छत पर बैठने से कौआ गरुड़ नहीं हो जाता।

कौआ यह नहीं जानता कि उसे क्या खाना चाहिए और क्या नहीं।

क्रोध

नेत्रों से क्रोध का ज्ञान होता है।

~ ❖ ~

क्रोध भयंकर अग्नि के समान है, जो अपनी लपटों से मनुष्य को बार-बार प्रताड़ित करता है।

~ ❖ ~

निर्धनता एवं अक्षमता के बावजूद धन-संपत्ति की इच्छा तथा अक्षम एवं असमर्थ होने के बावजूद क्रोध करना—ये दोनों अवगुण शरीर में काँटों की तरह चुभकर उसे सुखाकर रख देते हैं।

~ ❖ ~

क्रोध एक तीक्ष्ण विष है, जो कड़वा, सिरदर्द पैदा करनेवाला, पापी, क्रूर और प्रकृति में गरम है। दुष्ट प्रकृति के लोग इसे नहीं पी सकते, सज्जन पी जाते हैं।

~ ❖ ~

मनुष्य को क्रोध से बचते हुए शांतिपूर्वक समस्त कष्टों को सहना चाहिए।

~ ❖ ~

क्षमा

क्षमाशीलता में ही तपस्वियों की शोभा निहित है।

~ ❖ ~

क्षमा से क्रोध को शांत किया जा सकता है।

~ ❖ ~

क्षत्रिय

क्षत्रिय तलवार की धार पर चलकर स्वयं को सम्मानित और गौरवान्वित अनुभव करता है।

गाय

गायें गंध से देखती हैं, ज्ञानी लोग वेदों से, राजा गुप्तचरों से तथा जनसामान्य नेत्रों से देखते हैं।

जो गाय कठिनाई से दूध देती है, उसे बहुत कष्ट उठाने पड़ते हैं। जो गाय सरलता से दूध देती है, उसे कोई कष्ट नहीं होता।

जो बाँझ गाय दूध नहीं देती, उसे घर में रखने का लाभ नहीं है।

गायत्री मंत्र

मंत्रों में गायत्री मंत्र सर्वश्रेष्ठ और समस्त कामनाओं को पूर्ण करनेवाला है।

गुण/अवगुण

स्वाभाविक गुण-दोष प्रत्येक प्राणी की व्यक्तिगत उपलब्धि होते हैं। ये प्राणी के अंदर जन्म के साथ प्रकट होते हैं, इन्हें कहीं भी बाहर से

ग्रहण नहीं करना पड़ता।

~❖~

बुद्धि, उत्तम कुल, जितेंद्रियता, ज्ञान, संयमित वाणी, पराक्रम, यथाशक्ति दान और कृतज्ञता—ये आठ गुण व्यक्ति की शोभा बढ़ाते हैं।

~❖~

यज्ञ, दान, अध्ययन तथा तपश्चर्या—ये चार गुण सज्जनों के साथ रहते हैं और इंद्रिय-दमन, सत्य, सरलता तथा कोमलता—इन चार गुणों का सज्जन पुरुष अनुसरण करते हैं।

~❖~

अच्छाई में बुराई देखना मृत्यु जैसा कष्टकारी अवगुण है।

~❖~

कुल में उत्पन्न एक गुणवान् पुत्र ही संपूर्ण कुल का उद्धार कर देता है।

~❖~

घोर अहंकार, वाचालता, भोग प्रवृत्ति, क्रोध, स्वउदर-पोषण और मित्र से घात—ये छह अवगुण मनुष्य की आयु को क्षीण करते हैं।

~❖~

धन और स्वास्थ्य मनुष्य के दो सबसे बड़े गुण हैं।

~❖~

अवगुणी पुत्र अपने कर्मों द्वारा संपूर्ण कुल को कलंकित कर देता है।

~❖~

केवल गुण ही प्रेम होने का कारण है, बल–प्रयोग नहीं।

मनुष्य अपने आसपास के प्राणियों से कुछ–न–कुछ अवश्य सीख सकता है। राजपुत्रों से नम्रता और विनयशीलता, विद्वानों से स्नेहयुक्त मधुर वचन बोलने की कला, जुआरियों से मिथ्या भाषण की कला तथा स्त्रियों से छल–कपट का गुण ग्रहण करना चाहिए।

संसार में उन्नति के अभिलाषी व्यक्तियों को नींद, तंद्रा (ऊँघ), भय, क्रोध, आलस्य तथा देर से काम करने की आदत—इन छह दुर्गुणों को सदा के लिए त्याग देना चाहिए।

जल्दबाजी, बात पर ध्यान न देना तथा आत्मप्रशंसा—ये तीन अवगुण ज्ञान के शत्रु हैं।

आयु के स्थान पर मनुष्य को गुण–अवगुण के आधार पर परखना चाहिए।

गुणवान व्यक्ति का विवेकशील होना आवश्यक है।

जब तक गुणी एवं विवेकी व्यक्ति को यथोचित स्थान प्राप्त नहीं होता, तब तक वह मूल्यहीन एवं तिरस्कृत रहता है।

कभी-कभी अनेक अवगुणों पर एक गुण भी बहुत भारी पड़ जाता है।

एक चंद्रमा रात के समस्त अंधकार को हर लेता है। यह कार्य सहस्त्रों तारे भी एक साथ मिलकर नहीं कर सकते।

अनेक अवगुणी पुत्र उत्पन्न करने की अपेक्षा एक गुणी को उत्पन्न करना सर्वथा उपयुक्त है।

उद्दंड एवं अवगुणी पुत्र कुल को शोक एवं अपमान की ओर धकेलकर उसके विनाश का कारण बनते हैं।

दुर्जन व्यक्ति कितना भी भला-बुरा कह ले, कितनी भी निंदा या अपमान कर ले, लेकिन गुणी व्यक्ति के गुण यथावत् बने रहते हैं, उनका महत्त्व कम नहीं होता।

एक गुणी पुत्र अपने ज्ञान, विवेक और विद्वत्ता द्वारा कुल को समाज में गौरव प्रदान करता है।

रावण के सहस्त्रों पुत्र एवं नाती थे, लेकिन अवगुणी होने के कारण वे सभी युद्ध में मारे गए।

मनुष्य अपना अमूल्य जीवन व्यर्थ के भोग-विलासों में नष्ट न करें।

अच्छे गुणों को ग्रहण कर पुण्य प्राप्त करें।

~❖~

मूर्ख या पशुओं से प्राप्त होनेवाले गुणों को भी ग्रहण करने में किसी प्रकार का संकोच या लज्जा अनुभव नहीं होनी चाहिए।

~❖~

मनुष्य को सिंह और बगुले से एक-एक, गधे से तीन, मुरगे से चार, कौए से पाँच तथा कुत्ते से छह गुण ग्रहण करने चाहिए।

~❖~

समय पर जागना, युद्ध के लिए सदैव तत्पर रहना, बंधु-बांधवों को उनका उचित हिस्सा देना तथा मैथुन द्वारा पत्नी को संतुष्ट करना—मुर्गे से ये चार गुण ग्रहण करने चाहिए।

~❖~

छिपकर मैथुन करना, दुष्टता एवं ढिठाई, संग्रह की प्रवृत्ति, आलस्य न करना तथा कभी किसी पर विश्वास न करना—ये पाँच गुण कौए से ग्रहण करने चाहिए।

~❖~

जिसकी माता स्वयं लक्ष्मी हों, पिता भगवान् विष्णु हों तथा भक्तजन उसके सगे-संबंधियों की श्रेणी में आते हों, ऐसा व्यक्ति संसार में श्रेष्ठ होता है। उसके लिए तीनों लोक ही अपने देश के समान हो जाते हैं—अर्थात् वह तीनों लोकों का स्वामी हो जाता है। लेकिन ऐसी स्थिति प्राप्त करने के लिए मनुष्य में सज्जनता, परोपकार, सहनशीलता तथा दानवीरता के गुण होने चाहिए।

~❖~

केवल एक गुण के कारण ही अवगुणी होते हुए भी मनुष्य समाज में मान–सम्मान प्राप्त कर लेता है।

~ ❖ ~

भले ही मनुष्य दुर्जनों की संगति करता हो, भयानक एवं कुरूप हो या नीच कुल में जनमा हो, लेकिन यदि उसमें बुद्धि–विवेक का गुण है तो वह अवगुणों से युक्त होते हुए भी विद्वानों की सभा में सम्मानित होता है।

~ ❖ ~

गुरु

जो व्यक्ति विद्वान् न हो, उसे गुरु न मानें।

~ ❖ ~

ब्राह्मण, क्षत्रिय और वैश्य के लिए अग्नि ही गुरु के समान है।

~ ❖ ~

स्त्रियों के लिए उनके पति गुरु हैं।

~ ❖ ~

गुरु के आदेश का यथोचित पालन न करने पर अनेक कष्ट भोगने पड़ते हैं।

~ ❖ ~

गुरु की कृपा से ही मनुष्य मोह–माया के चक्र को भेदकर ब्रह्म–दर्शन के योग्य बनता है।

~ ❖ ~

ईश्वर और भक्त के बीच में गुरु सेतु का कार्य करता है।

~ ❖ ~

गुरु की सेवा द्वारा विद्या प्राप्त होती है।

~❖~

गोपनीयता

जब तक कार्य-योजना पूरी तरह से सफल न हो जाए, तब तक उसका उल्लेख किसी से न करें।

~❖~

चरित्र

चरित्र की यत्नपूर्वक रक्षा करनी चाहिए। धन तो आता-जाता रहता है। धन के नष्ट होने पर भी चरित्र सुरक्षित रहता है, लेकिन चरित्र नष्ट होने पर सबकुछ नष्ट हो जाता है।

~❖~

जड़

संपूर्ण वृक्ष जड़ पर टिका होता है। यदि जड़ नष्ट या कमजोर हो जाए तो वृक्ष को सूखते समय नहीं लगता, इसलिए जड़ की यथासंभव रक्षा करनी चाहिए।

~❖~

जागरूक

जो व्यक्ति सावधान, सजग और जागरूक होगा, कोई उसका अहित नहीं कर सकता।

~❖~

तप

संसार में शांति से बढ़कर कोई तप नहीं है।

~ ❖ ~

तप द्वारा मनुष्य को ऊँचा पद मिलता है।

~ ❖ ~

ताकत

दो समान ताकतें जब लड़ती हैं तो दोनों का ही नुकसान होता है।

~ ❖ ~

ताकत ही मैत्री कायम रखने का मुख्य घटक है।

~ ❖ ~

धन की ताकत से सेनाएँ जन्म लेती हैं।

~ ❖ ~

तृप्ति

लकड़ियाँ आग को तृप्त नहीं कर सकतीं, नदियाँ समुद्र को तृप्त नहीं कर सकतीं, सभी प्राणियों की मृत्यु यम को तृप्त नहीं कर सकती। तृप्ति के पीछे भागना व्यर्थ है।

~ ❖ ~

तृष्णा

तृष्णा से बढ़कर कोई रोग नहीं है।

~ ❖ ~

मनुष्य अतृप्ति व असंतुष्टि के साथ जन्म लेता है और इन्हीं के साथ संसार से पलायन करता है।

तृष्णा का कभी अंत नहीं होता। यह सदैव मनुष्य को अशांत और व्यथित करती है।

दया

दूसरों पर दया करने से जिसका हृदय प्रसन्नता का अनुभव करता है, उसे ज्ञान एवं मोक्ष-प्राप्ति हेतु लंबी-लंबी जटाएँ धारण करने या भस्म लगाने की आवश्यकता नहीं है।

सभी तीर्थस्थलों में स्नान करना तथा प्राणिमात्र के प्रति दया का भाव रखना—इन दोनों बातों का समान पुण्य मिलता है, लेकिन इनमें दयाभाव श्रेष्ठ है।

सहस्त्र वर्षों तक कठिन तपस्या करके भी योगियों के लिए जो दुर्लभ है, वह ज्ञान एवं मोक्ष प्राणिमात्र पर दया करने से सहज ही प्राप्त हो जाता है।

दया सभी धर्मों का मूलाधार है।

दंड

जहाँ दंड नहीं होगा वहाँ 'मत्स्य-कानून' चलेगा, जैसे—बड़ी मछली छोटी मछली को निगल जाती है।

~ ❖ ~

दंड अनुशासन का मूल है, लोगों की समृद्धि का स्रोत है।

~ ❖ ~

दंड से विपत्तियाँ टलती हैं और सुरक्षा एवं कल्याण की स्थापना होती है।

~ ❖ ~

दंड को आँखें न दें। वह राजा और प्रजा में कोई अंतर न करे। सबको अपराध के अनुसार यथोचित सजा दे।

~ ❖ ~

राजा ऐसे दंड दे कि पुत्र और शत्रु में कोई भेद न रहे।

~ ❖ ~

दंड न देने पर निर्दोष दंड पाता है।

~ ❖ ~

राजा दंड से चलाता है, आग अपने ताप से, सूरज अपनी किरणों से और ब्राह्मण अपने तप से।

~ ❖ ~

दंड द्वारा लोगों को काबू में रखा जाता है। आत्मनियंत्रित लोग गिने-चुने हैं।

~ ❖ ~

आत्मसुरक्षा में सबकी सुरक्षा निहित है।

~ ❖ ~

उसी दंड का लाभ है, जिससे अपराधों पर लगाम लग सके।

~ ❖ ~

दान

दान ही दरिद्रता को नष्ट करने का सशक्त साधन है।

~ ❖ ~

दान ऐसे मनुष्य को दें, जो दरिद्र हो।

~ ❖ ~

जिस प्रकार समुद्र का जल ग्रहण कर मेघ उसे समृद्धिदायक वर्षा के रूप में खेतों पर बरसाते हैं और वही जल कई गुना होकर पुनः समुद्र में जा मिलता है, उसी प्रकार दान का वास्तविक अधिकारी वही व्यक्ति है, जो सहनशीलता, विद्वत्ता, ईमानदारी, सज्जनता आदि गुणों से संपन्न हो।

~ ❖ ~

दान हर किसी को नहीं देना चाहिए।

~ ❖ ~

योग्य व्यक्ति को दिया गया दान सहस्र गुना होकर वापस मिलता है।

~ ❖ ~

जो व्यक्ति निर्धन होने पर भी दानशील हो, उसे स्वर्ग से भी ऊपर स्थान प्राप्त होता है।

~ ❖ ~

जो व्यक्ति अमीर होने पर भी दानशील न हो और गरीब होने पर जिसमें कष्ट सहने की शक्ति न हो, उसका जीवन व्यर्थ है।

~❖~

दीपक

दिन के प्रकाश में दीपक जलाने की कोई उपयोगिता नहीं है।

~❖~

दीपक अंधकार का नाश कर देता है, तथापि उसके काजल से कालिमा भी उत्पन्न होती है।

~❖~

दीपक की एक छोटी सी लौ गहन अंधकार को चीर देती है।

~❖~

दीर्घायु

प्राणिमात्र के प्रति नरम व्यवहार, केवल गुण देखना, धीरज, क्षमाशीलता तथा मित्रें का आदर करना—विद्वानों के अनुसार, ये सभी सद्गुण दीर्घायु में सहायक हैं।

~❖~

दुखी

दुखी व्यक्ति से कभी सुख प्राप्त नहीं हो सकता, अतः उसकी संगति से बचें।

~❖~

दुर्जन/दुराचारी

दुराचारी, पापी, दुर्जन तथा दुष्ट स्वभाववाले व्यक्ति कोयले की खान के समान होते हैं, जहाँ हर कोई काला हो जाता है।

सर्प केवल काल के बलवान होने पर काटता है, पर दुर्जन व्यक्ति कदम-कदम पर विश्वासघात करता है।

दुर्जनों की संगति के कारण निरपराधी भी उन्हीं के समान दंड पाते हैं, जैसे सूखी लकड़ियों के साथ गीली लकड़ियाँ भी जल जाती हैं।

दुष्ट लोग अकारण खुश होते हैं और अकारण रुष्ट।

सरलता, पवित्रता, संतुष्टि, मीठे बोल, जितेंद्रियता, सच्चाई और दृढ़ता—ये गुण दुष्टों में नहीं होते।

दुर्जन लोगों में आत्मज्ञान, सहनशक्ति, धर्म-परायणता, वचनबद्धता, दानशीलता, दुःखहीनता, रक्षा का भाव आदि जैसे सद्गुण नहीं होते।

मनुष्यों में नाई, पक्षियों में कौआ, पशुओं में गीदड़ और स्त्रियों में मालिन सबसे धूर्त व मक्कार होते हैं।

दुष्ट और दुर्जन व्यक्तियों को धन की महत्त्वाकांक्षा होती है। उसे

प्राप्त करने के लिए वे नीच कार्य करने से भी पीछे नहीं हटते। धन–प्राप्ति ही उनका एकमात्र ध्येय होता है।

~ ❖ ~

सत्य, क्षमा, दया और अलोभ को दुर्जन लोग चाहकर भी नहीं अपना सकते। ये उनके लिए दुर्लभ हैं।

~ ❖ ~

दुर्जन व्यक्ति काँटों के समान होते हैं, इसलिए या तो उन्हें जूते से मसल दें या उन्हें देखकर अपना मार्ग बदल लें।

~ ❖ ~

दूसरों की उन्नति को देखकर ईर्ष्या करना दुर्जन व्यक्ति का जन्मजात स्वभाव होता है।

~ ❖ ~

किसी अवसर पर सज्जनों द्वारा पूजित होने पर दुष्ट और अत्याचारी लोग भी स्वयं को सज्जन समझने का भ्रम पाल लेते हैं।

~ ❖ ~

गुणहीन मनुष्य दुर्जन है।

~ ❖ ~

दुष्ट व्यक्ति गुप्त रहस्य छिपाकर नहीं रख सकता।

~ ❖ ~

बुरे कर्मों में लिप्त दुर्जन व्यक्ति अपने साथ–साथ अपने वंश को भी कलंकित करता है।

~ ❖ ~

जो व्यक्ति दानादि से विमुख रहते हैं, वेदों के श्रवण को महत्त्वहीन मानते हैं, जिनकी दृष्टि में संत-महात्माओं के दर्शन निरर्थक हैं, जिन्होंने कभी भी तीर्थयात्रा का सुख नहीं भोगा, जिनके पेट पाप की कमाई से भरे हुए हैं, जिन्होंने अभिमान और अहंकार के आवरण से खुद को ढक रखा है, वे मनुष्य नीच, दुष्ट और स्वार्थी कहे जाते हैं।

~❖~

दुराचारियों से बचने के लिए देश का त्याग भी निस्संकोच कर देना चाहिए।

~❖~

हाथी को अंकुश, घोड़े को चाबुक तथा सींगवाले पशुओं को डंडे से जिस प्रकार वश में किया जाता है, उसी प्रकार दुर्जन को वश में करने के लिए तलवार का सहारा लेना पड़ता है।

~❖~

नीच या दुर्जन व्यक्ति की संगति से दूर रहना ही श्रेयस्कर है।

~❖~

दुर्जन व्यक्ति सहस्र चांडालों के समान है।

~❖~

जो मनुष्य अत्यंत क्रोध करता है, जिसके मुख से सदा विष भरी बातों का प्रसार होता है, जो अपने बंधु-बांधवों का अहित करने के लिए सदैव तत्पर रहता है, जो दुष्ट व्यक्तियों की संगति करता है तथा जो नीच व्यक्ति की चाकरी करता है, वह व्यक्ति दुर्जन कहलाता है।

~❖~

दुष्ट एवं दुर्जन व्यक्ति का स्वभाव अत्यंत रहस्यमय होता है और परिस्थिति के अनुसार बदलता रहता है।

~ ❖ ~

दुश्मन

जैसे जाल बिछाकर पंछी को फाँसा जाता है वैसे ही भरोसा जीतकर और जाल बिछाकर दुश्मन को बरबाद करना चाहिए।

~ ❖ ~

बुरे दोस्त पर भरोसा मत करो, यहाँ तक कि अच्छे दोस्त पर भी आँख मूँदकर भरोसा मत करो। कभी-कभी गुस्से में अच्छा दोस्त भी भरोसा तोड़ देता है।

~ ❖ ~

दोष

यदि बबूल का झाड़ वसंत ऋतु में भी पत्तों से रहित रहता है तो इसमें वसंत का कोई दोष नहीं होता।

~ ❖ ~

उल्लू को दिन में दिखाई नहीं देता तो इसमें सूर्य को दोष देना व्यर्थ है।

~ ❖ ~

दूसरे का धन छीनना, पर-स्त्री से संबंध रखना और सच्चे मित्र को त्याग देना—ये तीनों ही भयंकर दोष हैं, जो विनाशकारी हैं।

~ ❖ ~

यदि चातक के मुख में वर्षा की बूँदें नहीं गिरतीं तो इसमें मेघों का दोष नहीं है।

~❖~

द्वेष

शत्रुओं से द्वेष होने पर प्राणों के साथ-साथ धन की भी हानि होती है।

~❖~

राजा से द्वेष करने पर प्राण एवं धन सहित मान-सम्मान का भी नाश हो जाता है।

~❖~

जो व्यक्ति दूसरों की धन-संपत्ति, सौंदर्य, पराक्रम, उच्च कुल, सुख, सौभाग्य और सम्मान से ईर्ष्या व द्वेष करता है, वह असाध्य रोगी है। उसका यह रोग कभी ठीक नहीं होता।

~❖~

ब्राह्मण (विद्वान्) से द्वेष करने के परिणामस्वरूप मनुष्य का धन-प्राण-सम्मान जाता ही है, साथ में उसके संपूर्ण कुल का भी नाश हो जाता है।

~❖~

धन

विपत्ति काल के लिए मनुष्यों को धन का संचय अवश्य करना चाहिए, लेकिन कभी यह न सोचें कि धन द्वारा वे विपत्ति को दूर करने में समर्थ हो जाएँगे।

~❖~

अन्याय से कमाए गए धन से दोष नहीं छिपते, बल्कि कई और दोष उघड़ जाते हैं।

~ ❖ ~

धन का अत्यधिक संग्रह मनुष्य के मन-मस्तिष्क को भ्रष्ट तो करता ही है, उसे लोभी और स्वार्थी भी बना देता है।

~ ❖ ~

पुरुषार्थ द्वारा ईमानदारी से कमाया धन जीवनपर्यंत मनुष्य के साथ रहता है तथा उसमें निरंतर वृद्धि होती रहती है।

~ ❖ ~

पुस्तकों में वर्णित ज्ञान और दूसरों के पास गया धन आवश्यकता पड़ने पर कभी काम नहीं आता।

~ ❖ ~

संकट में केवल वही धन उपयोग में आता है, जो मनुष्य के पास संचित होता है।

~ ❖ ~

कष्ट से, अधर्म से तथा शत्रुओं की सेवा करके कमाए धन से अनादर व अपयश मिलता है।

~ ❖ ~

धन के उपयोग से धन की महत्ता बढ़ती है।

~ ❖ ~

धन आने पर पराए भी अपने बन जाते हैं। पत्नी, पुत्र, बंधु-बांधव भी स्नेह तथा अपनत्व दिखाने लगते हैं।

~ ❖ ~

कोई धनवान निर्धन हो जाए तो अपने भी उससे दूर हो जाते हैं। पत्नी, पुत्र, मित्र, सगे-संबंधी—सभी एक-एक कर उसका साथ छोड़ देते हैं।

धन की शक्ति इतनी अपार है कि उसके प्रभाव से पराए भी अपने हो जाते हैं जबकि निर्धनता अपनों को भी पराए की श्रेणी में खड़ा कर देती है।

यदि वृद्धावस्था में मनुष्य के पास धन हो तो उसे भोजन के लिए दूसरों पर आश्रित नहीं होना पड़ता।

नीच कर्मों द्वारा अर्जित धन नाशवान होता है।

धन का अभाव मनुष्य को साधु-संत बना देता है।

धन मनुष्य का सच्चा हितैषी है।

जिसके पास धन है, समस्त सुख उसके अधीन हैं।

मनुष्य को दयनीय दशा से बचने के लिए धन का संचय अवश्य करना चाहिए।

धन एवं अन्न का अत्यधिक उपयोग दरिद्रता और निर्धनता को आमंत्रित करता है।

धन उसी स्थिति में महत्त्वपूर्ण और उपयोगी होता है, जब वह किसी एक व्यक्ति के लिए न होकर संपूर्ण समाज के लिए लाभकारी हो।

एक व्यक्ति के उपयोग के लिए संचित धन एक कुलवधू की तरह केवल उसी को आनंद प्रदान करता है। इसलिए उसका होना या न होना समाज के लिए कोई अर्थ नहीं रखता।

धन को स्वार्थ हेतु संचित करने के स्थान पर समाज-कल्याण हेतु प्रयोग में लाना चाहिए।

धर्म

जिस धर्म में दया का भाव न हो, उसे कभी स्वीकार नहीं करना चाहिए।

अगर धर्म के सार को जानना है तो वह यही है कि जो काम आपको स्वयं के लिए अच्छा न लगे, उसे दूसरों के लिए न करें।

मृतक का परम हितैषी उसका धर्म होता है।

ईश्वर की पूजा करना अथवा धार्मिक स्थलों की यात्रा करना ही मनुष्य का धर्म नहीं है।

~ ❖ ~

केवल धर्म-मार्ग ही परम कल्याणकारी है।

~ ❖ ~

अपने धर्म को त्यागकर दूसरे धर्म की ओर आकृष्ट होनेवाले व्यक्ति शक्ति-संपन्न होते हुए भी नष्ट हो जाते हैं।

~ ❖ ~

धर्म-कर्म व्यक्ति के लोक व परलोक के समस्त दुःखों का नाश कर देता है।

~ ❖ ~

धर्म के मर्म को समझने के लिए वैदिक शास्त्रों का ज्ञान आवश्यक है।

~ ❖ ~

दूसरों के दुःखों से दुःखी होना और उनकी सहायता के लिए तत्पर रहना ही मनुष्य का वास्तविक धर्म है।

~ ❖ ~

यज्ञ, अध्ययन, दान, तप, सत्य, क्षमा, दया और लोभ विमुखता—धर्म के ये आठ मार्ग बताए गए हैं। इन पर चलनेवाला धर्मात्मा कहलाता है।

~ ❖ ~

परोपकार और मानवता ही सच्चा मानव-धर्म है।

~ ❖ ~

शिशु के जन्म के साथ ही ईश्वर उसके पेट भरने का प्रबंध कर देता है। उसे जो कुछ मिलना है, वह कोई भी छीन नहीं सकता। इसलिए आहार एवं धन का संग्रह छोड़कर धर्म-संग्रह पर ध्यान केंद्रित करो।

यदि धार्मिक कार्यों में चूक हो जाए तो उनका फल निरर्थक हो जाता है।

मनुष्य को इस लोक में सांसारिक सुखों का यथावत् भोग करना चाहिए, लेकिन साथ-ही-साथ धार्मिक कार्यों द्वारा परलोक को सुधारने के लिए भी प्रयासरत रहना चाहिए।

निंदा

पर-निंदा समस्त कर्मों में अत्यंत नीच और बुरा कर्म है।

पर-निंदा त्यागकर सारे संसार को अपने वश में किया जा सकता है।

निंदा का त्याग करने से समस्त सुख मनुष्य के अनुकूल हो जाते हैं।

मूर्ख लोग ज्ञानियों को बुरा-भला कहकर उन्हें दुःख पहुँचाते हैं। इस पर भी ज्ञानी जन उन्हें क्षमा कर देते हैं। क्षमा करनेवाला तो पाप से मुक्त हो जाता है और निंदक को पाप लगता है।

निर्धन

विवेक एवं बुद्धि से युक्त किसी भी निर्धन व्यक्ति को तुच्छ और उपेक्षित दृष्टि से देखा जाता है।

~ ❖ ~

व्यक्ति निर्धन है तो उसे धैर्यवान् होना चाहिए। इससे वह थोड़े साधनों द्वारा भी निर्धनता के कष्टमय जीवन पर विजय प्राप्त कर लेगा।

~ ❖ ~

निर्धन लोग सदैव स्वादिष्ट भोजन करते हैं, क्योंकि उनकी भूख हर तरह के भोजन को स्वादिष्ट बना देती है। वहीं धनवान लोग भूख के अभाव में स्वादिष्ट व्यंजनों का भी आनंद लेने से वंचित रह जाते हैं।

~ ❖ ~

धन-वैभव से रहित व्यक्ति निर्धन नहीं होता, अपितु जो मनुष्य बुद्धि एवं विद्या से रहित होता है, वही वास्तविक निर्धन है।

~ ❖ ~

निर्लोभी

संसार से निर्लिप्त और निर्लोभी व्यक्ति के लिए धन एवं मणि-माणिक्य तिनके की भाँति हैं।

~ ❖ ~

नेत्र-ज्योति

नेत्र-ज्योति से बढ़कर संसार में कोई दूसरा प्रकाश नहीं है।

~ ❖ ~

आँखें मनुष्य की सबसे महत्त्वपूर्ण इंद्रियाँ हैं।

नेत्रहीनों के लिए दर्पण महत्त्वहीन होता है। इसके लिए दर्पण को दोषी नहीं कहा जा सकता।

परदेश

परदेश में व्यक्ति को समय और आय के अनुसार स्वयं को ढाल लेना चाहिए।

परदेश में मनुष्य को अपने पास उपलब्ध संसाधनों से ही संतोष करना चाहिए।

परिश्रम

जो वस्तु मनुष्य के लिए असाध्य है, उसकी सीमा से परे है, उसे तप अर्थात् अथक परिश्रम करके प्राप्त किया जा सकता है।

श्रम की शक्ति असीमित होती है, इसके बल पर असंभव भी संभव हो जाता है।

परिश्रम से कभी जी न चुराएँ, परिश्रम करके अपने जीवन को सुखमय बनाएँ।

परीक्षा

काम के उत्तरदायित्व से सेवकों की, कष्ट या संकट के समय मित्रों की, दुःख या असाध्य बीमारी में सगे-संबंधियों की तथा धनहीन होने पर स्त्री की परीक्षा होती है।

परोपकार

केवल परोपकार और परहित की भावना ही मनुष्य को पवित्र करती है।

जिनका हृदय परोपकार से भरा हुआ है, उन्हें कभी विपत्तियों का सामना नहीं करना पड़ता।

पवित्र

शास्त्रों में जल, गन्ना, दुग्ध, कंद, पान, फल और औषधि अत्यंत पवित्र कहे गए हैं। इसलिए इनका सेवन करने के बाद भी व्यक्ति धार्मिक कार्य संपन्न कर सकते हैं। इनसे किसी प्रकार की बाधा उत्पन्न नहीं होती।

शरीर पर तेल की मालिश करवाने, श्मशान में जाने, संभोग तथा हजामत के बाद मनुष्य का शरीर अपवित्र हो जाता है। ऐसी स्थिति में स्नान ही ऐसी क्रिया है, जिससे मनुष्य पुनः पवित्र होता है।

पिता

पिता वही योग्य है, जो अपनी संतान का भलीभाँति पालन-पोषण करता है, उनके दुःख-सुख का ध्यान रखता है।

~ ❖ ~

पुण्य/मोक्ष

मोक्ष की प्राप्ति तिलक लगाने या भगवा वस्त्र धारण करने की अपेक्षा ज्ञान-प्राप्ति से होती है।

~ ❖ ~

धर्म-कर्म, दान-तीर्थ, पूजा-अर्चना एवं व्रत-सत्संग आदि पुण्य कर्म मोक्ष का मार्ग प्रशस्त करते हैं।

~ ❖ ~

क्षमा, सरलता, धैर्य, विनम्रता, ईमानदारी, उदारता, परोपकार, दया, सत्यता, प्रेम और पवित्रता जैसे गुणों को ग्रहण करना चाहिए। इससे मनुष्य समस्त पाप-कर्मों से मुक्त होकर मोक्ष प्राप्त करता है।

~ ❖ ~

मनुष्य इस संसार में पूर्णतः अकेला है। संसाररूपी पथ पर चलते हुए उसे अकेले ही मोक्ष की ओर अग्रसर होना है।

~ ❖ ~

आत्म-कल्याण हेतु मनुष्य को जीवित अवस्था में ही स्वस्थ एवं निरोग रहते हुए सभी कर्मों का यथाविधि पालन करना चाहिए, अन्यथा मृत्यु के उपरांत कुछ शेष नहीं रहेगा।

~ ❖ ~

यज्ञ के उपरांत दान-दक्षिणा नहीं दी गई तो यज्ञ का समस्त पुण्य नष्ट हो जाता है।

~ ❖ ~

जो व्यक्ति किसी की निंदा नहीं करता, केवल गुणों को देखता है, वह बुद्धिमान सदैव अच्छे कार्य करके पुण्य कमाता है और सब लोग उसका सम्मान करते हैं।

~ ❖ ~

अच्छे कार्य पुण्य में बढ़ोतरी करते हैं।

~ ❖ ~

पुण्यात्मा उत्तम यश और उत्तम योनि प्राप्त करता है।

~ ❖ ~

मनुष्य को मोक्ष तभी प्राप्त हो सकता है, जब उसका लोक-परलोक सुधर जाए।

~ ❖ ~

भूखे को भोजन कराना और प्यासे को जल पिलाना परम पुण्यदायक है।

~ ❖ ~

पुत्र

केवल वही आदमी पुत्र कहलाने योग्य है, जो अपने माता-पिता की आज्ञा का सदैव पालन करता है।

~ ❖ ~

पुरुषार्थ/पुरुषार्थी

जो व्यक्ति पुरुषार्थी व कर्मशील होते हैं, उन्हें कभी दरिद्रता नहीं घेरती।

~ ❖ ~

पुरुषार्थ द्वारा अर्जित किए गए थोड़े से धन में भी परम संतोष का अनुभव करें।

~ ❖ ~

मनुष्य को ईश्वर पर पूर्णतया विश्वास रखना चाहिए, लेकिन वह पुरुषार्थ से मुख न मोड़े। जब वह पुरुषार्थ करेगा, तभी ईश्वर उसकी मनोकामनाएँ पूर्ण करेंगे।

~ ❖ ~

प्रभुत्व

प्रभुत्व का नशा अधिकार छिनने के बाद ही उतरता है।

~ ❖ ~

प्रशंसा

आत्मप्रशंसा करनेवाला व्यक्ति साक्षात् इंद्र ही क्यों न हो, वह सम्मान नहीं प्राप्त कर सकता।

~ ❖ ~

संसार जिस मनुष्य की प्रशंसा करता है, वही वास्तव में सम्मान योग्य है।

~ ❖ ~

प्रेम

जो भौंरा लकड़ी को भी भेदने की शक्ति रखता है, वह सुकोमल कमल-पँखुड़ियों में बंद होकर निष्क्रिय हो जाता है। ऐसा सिर्फ इसलिए है, क्योंकि वह कमल-पुष्प से प्रेम करता है और उसके अहित का भय ही उसे निष्क्रिय कर देता है।

~ ❖ ~

परायों से किया जानेवाला प्रेम ही सच्चा प्रेम है।

~ ❖ ~

फल

यज्ञ, हवन और अनुष्ठान—वेदों के फल हैं।

~ ❖ ~

शिष्टता, सदाचार और सुलक्षण—शास्त्र-अध्ययन के फल हैं।

~ ❖ ~

शारीरिक सुख एवं संतान-प्राप्ति—पत्नी के फल हैं।

~ ❖ ~

दान एवं उपभोग—धन के फल हैं।

~ ❖ ~

बल

बल से संकट टाले जा सकते हैं।

~ ❖ ~

बल कम या अधिक होने की अपेक्षा बुद्धि का अधिक होना महत्त्वपूर्ण होता है।

~❖~

तपस्वियों का बल तप है।

~❖~

वेद जाननेवालों का बल वेद है।

~❖~

अन्न की अपेक्षा आटा दस गुना अधिक शक्तिवर्धक होता है। आटे से दस गुना अधिक शक्ति दूध में होती है। मांस दूध से भी आठ गुना अधिक बल प्रदान करता है। लेकिन घी इन सबसे बढ़कर होता है।

~❖~

गुणियों का बल क्षमा है।

~❖~

विशालता पर बुद्धि, चतुराई, ओज और बल द्वारा विजय पाई जा सकती है।

~❖~

बाहरी आवरण

जिस प्रकार बाहर से सुंदर दिखाई देनेवाले फल अधिकतर मीठे नहीं होते, उसी प्रकार मीठे वचन बोलनेवाले लोग भी घातक और अविश्वसनीय होते हैं।

~❖~

बुढ़ापा

ध्यानमग्न होकर निरंतर चलने से बुढ़ापे का आगमन होता है।

घोड़ों को खूँटे से बाँधे रखने से वे जल्दी बुढ़ा जाते हैं।

ब्राह्मण

ऐसे ब्राह्मण के लिए स्वर्ग का सुख भी निरर्थक है, जो कर्म करने को महत्त्व देता है।

ब्राह्मण को दिन में केवल एक ही बार भोजन करना चाहिए। इसी में वह संतुष्ट हो जाए।

संतोषी ब्राह्मण को दिया गया दान पुण्य रूप में कई गुना बढ़कर वापस मिलता है।

असंतुष्ट ब्राह्मण समाज में कभी सम्मान नहीं पाता।

ब्राह्मण के ब्राह्मणत्व का मूल आधार सत्य है।

धरती पर ब्राह्मण (विद्वान्) ही अमर वृक्ष का रूप है। संध्या उसकी जड़ तथा वेद उसकी शाखाएँ हैं। धर्म-कर्म उसकी शाखाओं पर

लगनेवाले सुंदर पत्ते हैं।

विद्या द्वारा धन अर्जित करनेवाले ब्राह्मण समाज के लिए व्यर्थ हैं। संसार में उनकी विद्वत्ता एवं ज्ञान का प्रसार कभी नहीं होता। ऐसे ब्राह्मण का एकमात्र उद्देश्य धनार्जन ही होता है।

भाग्य

मनुष्य जैसे भाग्य के साथ जन्म लेता है, उसकी बुद्धि भी उसी के अनुसार हो जाती है।

मनुष्य जीवन भर जिन दुःखों एवं कष्टों को भोगता है, उसमें उसका कोई दोष नहीं होता। ये उसके भाग्य में पहले से ही लिखे हुए होते हैं।

मनुष्य को भाग्यानुसार ही सगे-संबंधी एवं मित्र आदि मिलते हैं।

मनुष्य को वही सब मिलता है, जो उसके भाग्य में लिखा होता है।

भाग्य से पार पाना किसी के वश में नहीं है। यह भाग्य का ही खेल है कि एक राजा पल भर में रंक और एक रंक पल भर में राजा बन सकता है।

ईश्वर ने मनुष्य का जैसा भाग्य लिख दिया, उसे उसी के अनुसार फल भोगना है।

~❖~

भाग्य को किसी भी तरह से बदला नहीं जा सकता।

~❖~

भ्रष्टाचार

जैसे पानी में रहनेवाली मछली कब पानी पीती है, कोई नहीं जान सकता, वैसे ही सरकारी कर्मचारी कब हेर-फेर कर लें, पता लगाना मुश्किल है।

~❖~

मन

मन ही मनुष्य को विषय-वासनाओं की ओर धकेलकर उसे पाप-कर्म की ओर अग्रसर करता है।

~❖~

मन के वशीभूत हुआ मनुष्य जीवन-मृत्यु के चक्र से कभी मुक्त नहीं हो सकता।

~❖~

जो मनुष्य अहंकार-रहित होकर मन में ईश्वर-भक्ति की लौ प्रज्वलित कर लेता है, उसका मन जहाँ कहीं जाता है, वह वहीं समाधि की स्थिति में आ जाता है।

~❖~

मन समस्त बंधनों एवं दु:खों का कारण है।

यदि मनुष्य का मन मैला व अपवित्र है तो तीर्थयात्रा करके भी उसका कलुषित हृदय पवित्र नहीं होता।

जिसका हृदय पवित्र और शुद्ध है, उसे तीर्थयात्रा की आवश्यकता ही नहीं होती।

मनुष्य

मनुष्य का आचार-विचार ही उसके कुल का परिचायक होता है। वार्त्तालाप से उसके देश विशेष का, व्यवहार से उसके स्नेहभाव एवं मान-सम्मान का तथा उसके शरीर से भोजन का ज्ञान होता है।

मनुष्य को भोजन एवं धन की लालसा में डूबे रहने की अपेक्षा ज्ञान अर्जित करना चाहिए।

संकट आने पर मनुष्य किसी भी सीमा को लाँघ सकता है।

दूसरों के कल्याण को महत्त्व देनेवाला मनुष्य ही सच्चे अर्थों में पवित्र होता है।

बुरी संगति में रहकर भी पवित्र मनुष्य की आत्मा कलंकित नहीं होती।

जीवन-रक्षा हेतु मनुष्य को परिस्थिति के अनुसार स्वयं को परिवर्तित कर लेना चाहिए।

हमारा समय कैसा चल रहा है, कौन हमारे मित्र और कौन शत्रु हैं, हमारा निवास-स्थान कैसा है, हमारी आय और व्यय कितना है, हमारी शक्ति कितनी है—ये सब बातें ही मनुष्य के चिंतन और मनन का केंद्रबिंदु होनी चाहिए।

मनुष्य की प्रवृत्ति में स्थायित्व का अभाव होता है, इसलिए वह पल-प्रतिपल बदलती रहती है।

सच्चे प्रेम का बंधन मनुष्य को परस्पर गहराई से बाँध देता है।

मनुष्य का यदि ईश्वर के साथ स्नेह-बंधन जुड़ जाए तो वे सदैव निकट ही अनुभव होते हैं।

दया, प्रेम, परोपकार, सहनशीलता आदि गुणों से परिपूर्ण मनुष्य का ही जीवन सार्थक है।

मनुष्य का दृष्टिकोण ही वस्तु के महत्त्व को कम या अधिक करता है।

❖

मनुष्य जैसा देखना चाहता है, वस्तु वैसी ही दिखाई देती है।

❖

बुरे समय में मनुष्य की बुद्धि और विवेक उसका साथ छोड़ जाते हैं।

❖

मनुष्य को कभी किसी असहाय एवं पीड़ित व्यक्ति का उपहास नहीं उड़ाना चाहिए।

❖

मनुष्य को नारी के साथ अनावश्यक या अत्यधिक संसर्ग से बचना चाहिए।

❖

जो व्यक्ति धर्म-कर्म और नैतिक गुणों से युक्त है, वास्तव में वही मनुष्य कहलाने का अधिकारी है।

❖

समर्थ मनुष्य द्वारा किया गया अनुचित कार्य भी लोगों को उचित प्रतीत होता है।

❖

असमर्थ व्यक्ति द्वारा संपन्न उचित कार्य को भी लोग संदेह की दृष्टि से देखते हैं।

❖

किसी सुंदर नवयुवती द्वारा स्नेहयुक्त अथवा चंचल व्यवहार करते देख जो यह समझने लगता है कि वह उससे प्रेम करने लगी है, वह मनुष्य शीघ्र ही अपना सर्वस्व खो बैठता है।

~ ❖ ~

संकट से घिरा मनुष्य उसी प्रकार विवेकशून्य हो जाता है, जिस प्रकार स्वर्ण–मृग का पीछा करते हुए भगवान् राम हो गए थे।

~ ❖ ~

जो मनुष्य समर्थ, योग्य एवं साहसी होते हैं, उनके लिए कोई भी कार्य असंभव या कठिन नहीं होता।

~ ❖ ~

जो मनुष्य संत पुरुषों से द्वेष करता है, वह शीघ्र ही मृत्यु को प्राप्त हो जाता है।

~ ❖ ~

मनुष्य के सगे–संबंधी ही उसके जीवन का वास्तविक सहारा होते हैं।

जिह्वा के स्वाद में पड़कर मनुष्य को अपने पास उपलब्ध भोजन का कभी निरादर नहीं करना चाहिए।

~ ❖ ~

जो मनुष्य प्रत्येक दिन सत्कार्य करते हैं, वास्तव में उनका ही जीवन सफल होता है।

~ ❖ ~

महत्त्व

जीवन का एक-एक क्षण, प्रहर, दिवस अत्यंत महत्त्वपूर्ण है।

❖

धर्म, अर्थ, काम और मोक्ष—ये चारों जीवन के महत्त्वपूर्ण अंग हैं।

❖

रूप का महत्त्व गुणों से बढ़ता है।

❖

महापुरुष

दानशीलता, मृदु वाणी, ईश-पूजा और विद्वान्-भक्ति—जिस मनुष्य में इन चार गुणों का समावेश होता है, उसका मूल्यांकन महापुरुषों की श्रेणी में किया जाता है।

❖

युग के अंत में सुमेरू पर्वत अपना स्थान छोड़ देगा, सातों समुद्र अपनी मर्यादाएँ तोड़कर संपूर्ण पृथ्वी को डुबो देंगे, लेकिन ऐसी विकट स्थिति में भी महापुरुष एवं संतजन अपनी प्रतिज्ञा व संकल्प पर अडिग रहेंगे।

❖

महानता के लिए मनुष्य में सद्गुणों एवं सच्चरित्र का होना आवश्यक है।

❖

संत-महात्माओं की संगति दुष्टों को भी सज्जन मनुष्य में परिवर्तित कर देती है।

❖

उच्च कुल में जनमा शील-गुण-संपन्न मनुष्य धनहीन हो जाए तो भी उसकी विनम्रता, विनयशीलता और सदाचरण नष्ट नहीं होते। वह विकट परिस्थिति में भी सद्व्यहार करता है।

~ ❖ ~

मांस

मांस का प्रचुर सेवन मनुष्य के शरीर को विकृत कर देता है।

~ ❖ ~

मांस-भक्षण से मनुष्य तामसी प्रवृत्ति का हो जाता है। ऐसी स्थिति में दया, परोपकार, धैर्य और संतोष आदि गुण नष्ट हो जाते हैं।

~ ❖ ~

माता/पिता

जन्म देनेवाली माँ, यज्ञोपवीत संस्कार करानेवाला ब्राह्मण, विद्या प्रदान करनेवाला गुरु, अन्न प्रदान करनेवाला मनुष्य तथा भय का नाश करनेवाला—ये लोग पितृ-तुल्य हैं।

~ ❖ ~

मान/सम्मान

अग्नि, गुरु, ब्राह्मण, गाय, कन्या, वृद्ध तथा बच्चे—इन्हें सदैव आदर और सम्मान देना चाहिए।

~ ❖ ~

नीच कुल में जन्म लेकर भी समाज में मान-सम्मान प्राप्त किया जा सकता है।

~ ❖ ~

जो व्यक्ति जरा भी कठोर नहीं बोलता हो तथा दुर्जनों का आदर-सरकार न करता हो, वही इस संसार में सबसे आदर-सम्मान पाता है।

~ ❖ ~

समाज में सद्‌गुणों द्वारा मनुष्य का सम्मान होता है। इसके लिए प्रचुर धन होना या न होना कोई अर्थ नहीं रखता।

~ ❖ ~

जैसे पूर्णिमा के चंद्रमा के स्थान पर द्वितीया का छोटा चंद्रमा पूजा जाता है, उसी प्रकार सद्‌गुणों से युक्त मनुष्य निर्धन एवं नीच कुल से संबंधित होते हुए भी पूजनीय होता है।

~ ❖ ~

ऐसा व्यक्ति अवगुणी होते हुए भी गुणवान है, जिसकी प्रशंसा उसकी पीठ पीछे भी की जाती है।

~ ❖ ~

मानसिक तृप्ति भोजन में नहीं, अपितु मान-सम्मान में निहित होती है।

~ ❖ ~

मित्र/हितैषी

सुख या दुःख—दोनों परिस्थितियों में साथ देनेवाला मनुष्य ही सच्चा मित्र कहलाता है।

~ ❖ ~

जिन मित्रों को सच्ची मित्रता का ज्ञान न हो, उन्हें कभी अपना प्रिय एवं विश्वास-पात्र न मानें।

~ ❖ ~

दो व्यक्तियों की मित्रता तभी स्थायी रह सकती है, जब उनके मन से मन, गूढ़ बातों से गूढ़ बातें तथा बुद्धि से बुद्धि मिल जाती है।

∼ ❖ ∼

विश्वसनीय व्यक्ति ही सच्चा मित्र होता है।

∼ ❖ ∼

मित्रों का हर स्थिति में आदर करना चाहिए, चाहे उनके पास धन हो अथवा न हो तथा उनसे कोई स्वार्थ न होने पर भी वक्त-जरूरत पर उनकी सहायता करनी चाहिए।

∼ ❖ ∼

मुख पर प्रशंसा तथा पीठ पीछे निंदा करनेवाले मनुष्य मित्रता के योग्य नहीं होते। ऐसे मनुष्य विष मिले दूध के समान होते हैं। ऐसे लोगों से सदैव सतर्क रहें।

∼ ❖ ∼

निकृष्ट मित्र पर कभी विश्वास नहीं करना चाहिए और हितैषी मित्र से भी सावधान रहना चाहिए।

∼ ❖ ∼

जो मनुष्य अपने सच्चे सेवक पर कभी क्रोध नहीं करता, मुसीबत पड़ने पर ऐसा सेवक सच्चा हमदर्द सिद्ध होता है।

∼ ❖ ∼

घर-परिवार के सदस्यों के लिए केवल पतिव्रता नारी ही सच्ची मित्र है।

∼ ❖ ∼

जिसके क्रोध से भय लगता हो तथा जिस पर सच्ची आस्था न हो, वह मित्र नहीं हो सकता।

जो मित्र न हो, उसे अपनी गुप्त नीति न बताएँ।

मूर्ख

मूर्ख शिष्यों को उपदेश देने, दुष्ट स्त्री का भरण-पोषण करने अथवा दु:खी व्यक्तियों की संगति से विद्वान् मनुष्य भी कष्ट भोगते हैं।

मूर्ख व्यक्ति दो पैरोंवाले पशु के समान है। ऐसे मनुष्य का अतिशीघ्र त्याग कर देना चाहिए।

पैर में घुसा काँटा दिखाई न देने पर भी भयंकर पीड़ा पहुँचाता है, उसी प्रकार मूर्ख व्यक्ति द्वारा कहे गए मूर्खतापूर्ण वचन निरंतर सज्जन मनुष्य को बेधते रहते हैं।

मूर्ख लोग कभी अपने से बड़े और सम्मानित लोगों का आदर नहीं करते।

मूर्ख व्यक्ति स्वभाववश कभी मृदुभाषी नहीं होते।

मूर्ख और अज्ञानी व्यक्ति न तो परिवार का उचित पालन-पोषण

करने में समर्थ होता है और न ही उनकी यथोचित ढंग से रक्षा कर सकता है।

~❖~

वेदों व पुराणों की रचना बुद्धिमान एवं विवेकशील व्यक्तियों के लिए की गई है। ये केवल उन्हीं के लिए कल्याणकारी हैं, जो सोचने-समझने की शक्ति रखते हैं। इनसे मूर्खों का कल्याण नहीं हो सकता।

~❖~

बिना पढ़े ही स्वयं को ज्ञानी समझकर अहंकार करनेवाला, दरिद्र होकर भी बड़ी-बड़ी योजनाएँ बनानेवाला तथा बैठे-बिठाए धन पाने की कामना करनेवाला व्यक्ति मूर्ख कहलाता है।

~❖~

जो व्यक्ति शत्रु से दोस्ती करता है, मित्र और शुभचिंतकों को दुःख देता है, उनसे ईर्ष्या-द्वेष करता है तथा सदैव बुरे कार्यों में लिप्त रहता है, वह मूर्ख कहलाता है।

~❖~

हे राजन्! जो व्यक्ति अनावश्यक कर्म करता है, सभी को संदेह की दृष्टि से देखता है, आवश्यक और शीघ्र करनेवाले कार्यों।

~❖~

मूर्ख का बल अतुल्य होने पर भी वह महत्त्वहीन है, क्योंकि बुद्धि के अभाव में वह कभी भी उसका उचित उपयोग नहीं कर पाएगा।

~❖~

मनुष्य प्रसंग से हटकर बात करे, शक्ति के प्रतिकूल आचरण करे तथा अनावश्यक क्रोध करे तो वह बुद्धिमान होकर भी मूर्ख कहलाता है।

~❖~

मृत्यु ...न बोलनेवाली स्त्री, पापयुक्त आचरण करनेवाले मित्र तथा ... एवं स्वेच्छाचारी सेवक की संगति करनेवाले मनुष्य के ...चय ही मृत्यु का वास होता है। ऐसा मनुष्य कभी भी मृत्यु का ...सकता है।

~ ❖ ~

जीवन और मृत्यु एक ही सिक्के के दो पहलू हैं।

~ ❖ ~

आज तक ऐसा कोई प्राणी नहीं हुआ, जिसने मृत्यु को जीत लिया हो।

~ ❖ ~

अधर्मी मनुष्य जीवित होते हुए भी मृतक के समान है।

~ ❖ ~

जीवन भर शुभ एवं सत्कर्म करनेवाला मनुष्य मृत्यु के उपरांत भी स्मरणीय होता है।

~ ❖ ~

अग्नि में जलने के बाद परलोक में जीव के साथ केवल उसके पाप और पुण्य जाते हैं।

~ ❖ ~

मनुष्य देह नाशवान है, इसलिए देह का अभिमान नहीं करना चाहिए।

~ ❖ ~

यज्ञ

यज्ञ करते समय यदि उसके विधि-विधान में किसी प्रकार की कमी रह जाए तो यज्ञ फल-प्रदायक की अपेक्षा कष्ट-प्रदायक बन जाता है।

यज्ञ तभी करें, जब उसे यथाविधि करने की सामर्थ्य हो।

याचक

व्यक्ति याचक बनकर किसी व्यक्ति के घर जाता है तो उसका मान-सम्मान और अहं नष्ट हो जाता है।

याचक से सभी डरते हैं, सगे-संबंधी, मित्र आदि भी उसका साथ छोड़ देते हैं।

अभावग्रस्त की सहायता करने में लोग कतराते हैं।

योग

योग द्वारा शांति प्राप्त होती है।

यौवन

यौवन असीमित कष्ट प्रदान करनेवाला है।

रक्षा

धन द्वारा धर्म की रक्षा, योग द्वारा विद्या की रक्षा, मृदु और कोमल वाणी द्वारा राजा की रक्षा तथा पतिव्रता स्त्री द्वारा घर-गृहस्थी की रक्षा होती है।

रोगी

रोगी मुरदे के समान होता है।

राजा

प्रजा के सुख में ही राजा का सुख निहित है। प्रजा का कल्याण ही राजा का कल्याण है। राजा को अपने सुख से बढ़कर प्रजा के सुख की चिंता करनी चाहिए।

लोगों को जीतने के लिए राजा को शक्ति और साधनों का संतुलित प्रयोग करना चाहिए।

क्रोध, लालसा, लालच, अहंकार, ईर्ष्या और मोह छह ऐसे शत्रु हैं, जो राजा का नाश कर देते हैं।

जो राजा जनहित के कार्य करता है, आपातकाल में ऐसे राजा को सहारा देने प्रजा उमड़ पड़ती है।

जो राजा अपनी इंद्रियों को अपने अधीन नहीं रखता, वह पूरी धरती का मालिक होने के बावजूद बरबाद हो जाता है।

❖

जो राजा आमोद-प्रमोद में मस्त रहता है, वह जल्दी ही दुश्मनों का सहज निशाना बन जाता है।

❖

जैसे पागल हाथी सबकुछ बरबाद कर देता है, वैसे ही अशिक्षित राजा अपने राज्य को नष्ट कर देता है।

❖

अनुशासित राजा ही अनुशासित राज्य की स्थापना कर सकता है।

❖

जो राजा अपने वादों को पूरा नहीं करता, अपना विश्वास खो देता है, उसका राज्य ज्यादा दिनों तक नहीं चलता।

❖

पृथ्वी के गर्भ में संचित जल, पतिव्रता नारी, कल्याणकारी राजा तथा संतोषी ब्राह्मण—ये चारों परम पवित्र हैं।

❖

लक्ष्मी

निठल्लों, असंतुष्टों, असंयमी, निस्तेज, दुःखी, पीड़ित, नास्तिक तथा पागलों के घरों से लक्ष्मी दूर रहती हैं।

❖

लक्ष्मी न तो प्रचंड ज्ञानियों के पास रहती हैं, न नितांत मूर्खों के

पास। न तो उन्हें ज्ञानियों से लगाव है, न मूर्खों से। जैसे बिगड़ैल गाय को कोई-कोई ही वश में कर पाता है, वैसे ही लक्ष्मी भी कहीं-कहीं ही ठहरती हैं।

~❖~

चंचलता लक्ष्मी (धन) का स्वभाव है, इसलिए वह कहीं भी नहीं ठहरतीं।

~❖~

लाड़-प्यार/पालन-पोषण

पिता अपनी संतान का पाँच वर्ष तक लाड़-प्यार के साथ पालन-पोषण करें। इसके बाद अगले दस साल तक उस पर सख्ती रखें। संतान जब सोलह वर्ष की हो जाए तो उसके साथ मित्रवत् व्यवहार करें।

~❖~

लाभ/हानि

जो लाभ भविष्य में बड़े विनाश का कारण बने, उसे त्याग देना चाहिए।

~❖~

जो हानि भविष्य में बड़े लाभ का कारण बने, उसका सम्मान करना चाहिए।

~❖~

उस लाभ को भी हानि ही मानना चाहिए, जो बड़ी क्षति का कारण बने।

~❖~

लोभ/स्वार्थ/पाप

जो व्यक्ति लोभ और स्वार्थ में डूबे रहते हैं, वे जीवन भर वास्तविक सुखों से वंचित रहते हैं।

~ ❖ ~

स्वार्थी मनुष्य स्वार्थ-सिद्धि तक आश्रयदाता के साथ जुड़ा रहता है लेकिन एक बार स्वार्थ पूरा हो जाने के बाद वह आश्रयदाता को त्याग देता है। इनसे सावधान रहना चाहिए।

~ ❖ ~

स्वार्थी एवं पापी व्यक्ति नेत्रहीन के समान है।

~ ❖ ~

प्रजा द्वारा किए जानेवाले पापों का फल केवल राजा को भोगना पड़ता है।

~ ❖ ~

राजा द्वारा किए गए पापों का बोझ पुरोहित ढोता है।

~ ❖ ~

लोभी के लिए पृथ्वी की सारी संपत्ति, धन-धान्य, पशु, ऐश्वर्य— सब कम हैं।

~ ❖ ~

धन के लोभी से सत्य का अनुसरण करने की आशा नहीं करनी चाहिए।

~ ❖ ~

वश

लोभी को लालच द्वारा वश में करना चाहिए।

हठी या अभिमानी व्यक्ति विनम्रता द्वारा वश में किए जा सकते हैं।

मूर्ख एवं बुद्धिहीन व्यक्ति की यदि इच्छा पूर्ण कर दी जाए तो उसे वश में करना अत्यंत सरल हो जाता है।

कवि की कल्पना के महल को भेदना किसी के वश में नहीं है।

विद्वान् व्यक्ति को वश में करने के लिए उसे वास्तविक स्थिति की सही जानकारी देकर अपने अनुकूल बनाया जा सकता है।